칭의

Justification
: An Introduction

KB214612

칭의 Justification : An Introduction

2024년 11월 08일 초판 1쇄

지은이   토마스 슈라이너
옮긴이   김명일
펴낸이   김명일
교정   박이삭 김지환
디자인   정보람

펴낸곳   깃드는 숲
주소   부산시 북구 낙동대로 1738번길 10 103-1007
이메일   hoop1225@gmail.com

ISBN   979-11-984413-9-3
값   18,000원

* 잘못된 책은 구입하신 곳에서 교환해 드립니다.

칭의

Justification
: An Introduction

토마스 슈라이너 지음

김명일 옮김

SHORT STUDIES *in*

SYSTEMATIC THEOLOGY

Thomas R.

Schreiner

깃드는숲

Justification: An Introduction

추천사

이 책은 바울 신학과 성경 신학 분야의 탁월한 학자 중 한 명인 슈라이너 교수가 칭의의 개념을 역사와 교리와 성경 해석의 관점에서 분석한 종합 연구서다. 저자는 바울 서신에 제한하지 않고 구약성경, 복음서, 사도행전, 일반 서신, 요한계시록에도 칭의 개념이 나타남을 설득력 있게 주장한다. 저자는 바울에 관한 묵시론적 해석이나 새 관점과 대화하면서 법정적 칭의 개념을 변호한다. 또한 교회 역사에 나타난 칭의 논의를 살피고 조직 신학의 주제와 칭의의 관계를 명료하게 설명한다. 무엇보다도 저자는 칭의 개념이 그리스도인의 삶에 실제로 어떤 의미가 있는지 목회적으로도 접근한다. 어떤 이 책은 쉽게 읽힐 뿐 아니라 그동안 슈라이너 교수가 주장한 바울 신학의 주요 쟁점을 선명하게 다룬다. 특히 역사와 교리와 성경에 나타난 칭의를 개혁주의 관점에서 어떻게 이해해야 하는지 정리하기를 원하는 독자들에게는 최고의 선물이다.

강대훈 교수 (총신대학교 신학대학원 신약학)

탁월한 신약학자인 슈라이너가 칭의에 관한 책을 출간한다는 소식에 반가운 마음이 듭니다. 칭의는 기독교의 가장 중요한 교리이며 복음을 이해함에 있어서 반드시 알아야 할 핵심요소입니다. 슈라이너는 교회사, 구약성경과 신약성경, 조직신학을 폭넓게 다루면서 칭의가 무엇인지 이해하기 쉽고 간결하게 풀어내고 있습니다. 이 책을 통해 한국교회가 다시금 성경이 말하는 칭의가 무엇인지 점검하고 바른 믿음 위에 세워지는 기회가 되면 좋겠습니다.

김관성 목사 (낮은담 침례교회)

톰 슈라이너 교수는 이 책에서 "오직 믿음으로 의롭다 하심을 얻는다"는 이신칭의 교리를 명쾌히 설명합니다. 그는 칭의 교리를 신구약 전체를 아우르는 통전적 관점에서 바라보도록 이끕니다. 즉, 구약에서부터 복음서, 바울 서신, 그리고 신약 성경의 나머지 부분까지 이 교리가 어떻게 일관되게 선포되고 있는지를 보여줍니다. 또 교회 역사 가운데 이 교리가 어떻게 전수됐고, 최근 칭의 교리에 관한 논의에는 어떤 것이 있는지 다룹니다. 이 책은 기독교 구원론의 정수인 이신칭의 교리에 관한 탁월한 안내서가 될 것입니다. 칭의 교리를 정립하고 풍성한 은혜를 누리고자 하는 신학생, 목회자, 그리고 모든 신앙인들에게 이 책을 적극 추천합니다.

김성진 교수 (고려신학대학원 구약학)

오늘날 종교개혁의 칭의론은 심각한 도전을 받고 있다. 오직 믿음으로 의롭다 함을 받는다는 교리는 바울이 가르친 바가 아니며, 잘못된 성경해석에서 나온 구시대의 산물이라는 주장이 바울의 새 관점을 비롯한 현대 성경 신학의 대세를 이루고 있다. 이런 상황에서 권위 있는 성경신학자가 전통적인 칭의 교리를 변호하고 나섰다. 그는 종교개혁의 칭의론이 형성된 역사적인 배경과 논쟁을 개관하고 신구약 성경 전체의 맥락에서 죄인을 구원하며 의롭다 하는 하나님의 의가 어떻게 이해되고 있는지를 고찰했다. 그리하여 죄인을 의롭다고 하는 하나님의 법적인 선언은 인간의 행함이나 공로에 근거하지 않는 하나님의 전적인 은혜와 선물이라는 점을 밝히 드러낸다. 동시에 충성과 순종과 사랑을 포괄하는 믿음의 개념을 말하는 최근의 추세에 반하여 오직 믿음이 칭의의 선물을 받는 방편이며, 순종과 사랑은 그 믿음의 필수적인 결과와 열매임을 성경적으로 입증한다. 이 책은 현대의 도전 앞에 오직 믿음으로 의롭다 함을 받는다는 종교개혁의 교리가 성경에 깊이 뿌리내리고 있음을 확인해줌으로써 불안한 우리 심령에 구원의 확신과 기쁨, 그리고 위로와 감사를 불러일으킨다. 저자는 이렇게 갈무리한다. "믿음에 의한 칭의가 없다면, 구원은 사실상 집행유예가 되며, 확신은 사라집니다." 누구나 읽기 쉽도록 간결하고 명료하게 쓰였기에 일반 교인들에게도 꼭 추천하고 싶은 책이다.

박영돈 교수 (고려신학대학원 교의학 명예교수)

'성경신학'과 '조직신학'이라는 두 마리 토끼를 한 번에 다 잡기는 실로 어렵다. 하지만 토마스 슈라이너의 『칭의』는 그 어려운 일을 능히 해내고 있는 놀라운 책이다. '칭의'라는 주제는 기독교 신학의 핵심 주제로 단편적인 시각하에 조망해서는 절대로 안 되는 주제다. 오히려 칭의라는 주제는 성경신학, 조직신학, 역사신학, 실천신학이라는 포괄적 시각하에서 큰 숲과 작은 나무의 유기적 관계성으로 요밀 조밀하게 살펴봐야 하는 주제다. 슈라이너의 『칭의』가 바로 이 작업을 기가 막히게 해냈다. 이 책을 읽으면 칭의를 사랑하게 될 것이고, 이 책을 읽으면 칭의를 주신 하나님을 더 사랑하게 될 것이다. 이미 칭의를 누린 자, 앞으로 칭의를 누리게 될 자 모두 다 이 책은 절대로 지나치지 말아야 할 필독서요 두고두고 옆에 두고 읽어야 할 탐독서다.

박재은 교수 (총신대학교 신학과, 교목실장)

토마스 슈라이너는 교회사, 구약성경, 그리고 신약성경의 중요 구절과 관련 본문에서 칭의를 간단 명료하게 살핀다. 저자는 신약 서신들의 독특한 상황을 고려하면서 칭의의 의미를 밝힌다. 마지막으로 바울의 묵시적 해석자들과 새 관점 학자들의 편향성과 문제점을 비판하고, 조직신학에서 칭의가 차지하는 위치를 언급한다. 저자는 그리스도와 연합된 성도에게 예수님의 의가 전가됨, 그리스도의 희생 덕분에 그리스도를 믿음으로 주어지는 선물로서 칭의, 법정적 칭의, 칭의와 성화의 구분과 같은 전통적 견해를 변호한다. 최근의 칭의 논쟁을 적절하게 반영한 본서를 통해 칭의의 복음이 교회의 시금석이자 토대와 같음을 다시 확인할 수 있다. 독자들의 일독을 권한다.

송영목 교수 (고신대 신학과)

하나님은 죄 없으신 그리스도를 통해 우리의 모든 죄를 취하시고 우리에게는 그리스도 안에 있는 하나님의 의를 전가해 주셨다. 마틴 루터는 이를 위대한 교환이라 불렀고 디오그네투스는 달콤한 교환이라 불렀다. 이 위대하고 달콤한 복된 교환이 없었다면 죄인들에게는 아무런 소망이 없었을 것이다. 기독교 신앙에 있어서 아무리 듣고 또 듣고 또 들어도 결코 질리지 않는 교리가 있다면 바로 하나님께서 그리스도 안에서 우리를 마치 단 한 번도 죄를 범한 적이 없는 자처럼 간주해주시고 뿐만 아니라 우리를 의롭다고 여겨주시는 칭의 교리일 것이다. 칭의 교리에 관한 한 현존하는 최고의 권위자 가운데 하나인 토마스 슈라이너는 이 위대한 칭의 교리를 역사신학과 성경신학적 관점에서 포괄적으로 다루고 있으며, 바울신학의 새 관점(NPP)과 같은 종교개혁적 칭의 교리를 부정하거나 왜곡하는 현대의 주장들도 분명하게 논박한다. 슈라이너의 『칭의』는 작지만 크고, 간결하지만 심오하며, 부드럽지만 단호하다. 무엇보다도 슈라이너의 『칭의』는 하나님을 참되게 믿는 모든 그리스도인들에게 베푸신 죄 용서로 인해 그 마음을 감사로 가득 차게 한다. 더 나아가 우리를 의롭다 하신 그 놀라운 선물에 그 마음이 말할 수 없는 기쁨으로 가득 차서 무릎을 꿇고 입을 열어 하나님을 찬양하지 않을 수 없게 한다. 신학자나 목회자들뿐만 아니라 모든 진지한 그리스도인들이 반드시 읽어야 할 책이다.

신호섭 교수 (고려신학대학원 교의학, 『개혁주의 전가교리』 저자)

톰 슈라이너의 이름을 처음 접한 것은 NPP논쟁이 국내에서도 알려지기 시작한 1990년대 중반이다. 그의 바울의 율법관에 대한 저술로 처음 접하고, 후에는 로마서 주석을 설교 준비하면서 활용하기도 했다. 오늘날 바울신학에 대한 뜨거운 열기에도 불구하고, 종교개혁적인 이해를 완전히 전도시키는 학파들이 학계를 장악하고 있는 현실에서 톰 슈라이너와 같이 견고한 주석적인 토대위에서 종교개혁적인 바울이해, 특히 칭의에 대한 이해를 대변해 주는 학자가 있다는 것은 감사한 일이다. 이 간략한 칭의 입문서에서도 그는 교회사적인 정리, 성경 각부분에서의 칭의론 등을 소개해 주면서 그리스도의 전가된 의에 근거한 이신칭의론이 얼마나 성경적인 교리이자 믿음의 조항인가를 역설해 주고 있다. 뿐만 아니라 현대의 논의들도 비판적으로 소개해 주고 있고, 칭의 교리의 실천적인 의미도 잘 밝혀주고 있다. 그리스도의 대속적인 죽음에 근거하여 값없이 믿음으로 얻게 된 이 칭의의 은혜에 대해 일목요연하게 학습하고자 하는 모든 그리스도인들에게 본서를 추천하는 바이다. "들고 읽어보라"(tolle lege).

이상웅 교수 (총신대학교 신학대학원 조직신학)

교리에 익숙하지 않은 사람들은 '칭의'(Justification)라는 말조차도 생소하게 느끼지만, 모든 사람들은 스스로를 '정당화'(Justify)하려는 노력을 기울인다. 꼭 법정에서뿐 아니라 가정에서와(부부싸움을 생각해보라!) 직장에서도(연봉협상을 생각해 보라!) 말이다. 그러한 의미에서 우리는 하나님 앞에서 어떻게 정당화될 수 있을까? 저자는 이 책에서 오직 믿음을 통한, 은혜에 의한 칭의를 옹호한다. 나는 칭의에 대해 이 정도의 분량으로 이렇게 만족스러운 작품을 가졌다는 것이 너무 기쁘다. 저자는 교회의 역사와 신구약을 두루 살피며 이 교리를 설명하고, 최근의 논쟁과 더불어 실천적인 문제까지도 포괄적으로 말해주면서 모든 성도들을 기쁘게 할 것이다. 모든 성도들이 읽어보기를 간절히 권한다!

이정규 목사 (시광교회)

본서는 신자에게 가장 중요한 전환, 즉 과거 죄인에서 현재 의인으로의 변화를 불러온 칭의에 대한 입문서이다. 오늘날 신약 해석학의 거장 슈라이너 박사는 본서에서 칭의를 둘러싼 역사적 배경에 대한 간략한 고찰과 함께, 구약성경과 예수의 가르침에서 그 근원을 찾는다. 또한, 칭의에 대한 진술이 가득한 바울서신과 더불어, 신약의 다른 곳에서 이를 어떻게 이해하는지를 살펴본다. 그뿐만 아니라, 칭의를 둘러싼 현대의 신학적인 다른 이해를 드러내며, 조직신학과 같은 다른 영역에서 어떻게 균형 있게 이를 이해할 수 있는지를 조망한다. 본서는 이렇게 유익한 내용들을 비록 간략하지만, 독자들이 쉽게 이해하도록 설명한다. 칭의를 더 체계적이고 더 분명하게 이해하기를 원하는 모든 사람에게 본서는 아주 중요한 안내자의 역할을 할 것이다.

조호형 교수 (총신대학교 신학대학원 신약학)

이 책은 칭의 교리가 너무나 중요한 교리임을 강력하게 천명합니다. 저자는 칭의 교리가 바울에게서 시작되었거나 바울에게만 국한되는 교리가 아니라, 성경 전체에서 핵심적으로 드러나는 가르침임을 매우 설득력 있게 보여줍니다. 깊이 있고 유익한 주석서를 많이 출간한 성경학자가 칭의 교리를 다루면 얼마나 풍성하게 다룰 수 있는지 이 책은 가감없이 보여줍니다. 이 책은 여러 면에서 모범적입니다. 첫째, 올바른 성경 주해에 근거하여 칭의 교리를 다루기 때문입니다. 이 책의 독자들은 단지 성경적 칭의 교리뿐 아니라 성경을 제대로 주석한다는 것이 무엇인지 잘 배울 수 있을 것입니다. 둘째, 통합 신학적이기 때문입니다. 저는 이 책을 읽으면서 헤르만 바빙크의 종합적-발생적 방법론이 생각났습니다. 그것은 교리가 시작된 성경에서부터 출발하여 교회사를 통해 교리의 역사적 발전 과정을 추적하고 마지막에 교의학적 결론을 내는 방식입니다. 그런데 이 책이 그와 유사한 방법론을 따라 칭의론을 포괄적으로 다루고 있습니다. 셋째, 독자친화적이기 때문입니다. 이 책은 칭의론의 기초부터 시작해서 차근차근 설명하고 그 중요성을 밝혀줍니다. 더 나아가 이 주제와 관련하여 조금 더 깊이 살피고자 하는 독자들이 궁금해 할 법한 주제들도 다뤄주고 있습니다. 개신교와 로마 가톨릭의 차이라든가, 로마서와 야고보서의 조화라든가, 묵시론적 바울 해석, 새 관점의 입장 등과 같은 주제가 그러합니다. 그렇게 길지도 않은 분량에 놀라울 정도의 깊이와 너비를 가지고 칭의론을 설명해 냈다는 사실에 감탄이 절로 나옵니다. 이 책의 독자들은 칭의 교리의 정확한 의미를 깨닫게 될 뿐만 아니라, 그 교리가 가진 영광스러움에 새롭게 눈뜨고 기뻐하게 될 것입니다.

우병훈 교수 (고신대 신학과 교의학, 『처음 만나는 루터』 저자)

이 책은 칭의처럼 중요한 교리를 쉬우면서도 깊게, 학문적이면서도 목회적으로 풀어낸 입문서입니다. 독자의 머리를 설득할 뿐 아니라, 영혼을 움직입니다. 저자 슈라이너 교수는 신약학자답게 철저한 성경 주해를 바탕으로 하면서 깊은 신학 논의 역시 가르쳐 줍니다. 특히, 칭의 교리의 성경적 이해와 교회사적 맥락을 간결하고 명료하게 정리해 줍니다. 칭의 교리가 그리스도인의 확신과 기쁨의 근원임을 강조하며, 단순한 이론이 아닌 실제 삶에 적용될 수 있는 교리로 제시합니다. 깊이 있는 내용에도 불구하고 쉽게 접근할 수 있어 학문적인 깊이와 실용성을 모두 갖추고 있으며, 믿음으로 인한 칭의가 오늘날에도 얼마나 중요한지, 그리고 우리 신앙의 본질을 어떻게 이해해야 하는지에 대한 탁월한 길잡이가 될 것입니다. 칭의에 대해 배우고자 하는 모든 신자에게 적극 추천합니다.

하늘샘 목사 (미국 칼빈신학교 박사과정, 헨리미터 센터 큐레이터)

기독교가 세워지고 무너지는 교리적 주춧돌은 칭의라고 한 루터의 강조는 지나침이 없다. 죄인을 의인으로, 땅의 시민을 하늘의 시민으로, 옛 사람을 새 사람으로, 피조물의 하나를 하나님의 자녀로, 안개와 같은 덧없는 생명을 영원한 생명으로 바꾸는 칭의의 무한한 은총은 시대와 나라를 불문하고 모든 하나님의 사람들은 배우고 누리고 전수해야 한다. 탁월한 신약학자 슈라이너는 대단히 얇은 이 책에서 칭의의 성경적 토대와 교회사적 이해와 현대적 논의들을 간결하게, 그러나 충실하게 다루면서 개혁주의 칭의론을 확립한다. 칭의와 관련하여 바울과 야고보 사이에서 발견되는 본질적인 내용의 일치와 강조점의 차이도 조화롭게 드러낸다. 성경에 근거한 전통적인 칭의론의 핵심을 담은 이 책의 일독을 추천한다.

한병수 교수 (전주대학교 선교신학대학원)

이 책은 기독교의 가장 중요한 교리 중 하나이자 개신교의 참된 본질을 이해하는 데 핵심적인 요소인 "오직 믿음으로 인한 칭의"에 대한 포괄적이고 중요한 입문서이다. 슈라이너의 설명은 정보가 풍부하고 명료하여, 학생들과 독자들이 칭의가 무엇인지, 오늘날에도 칭의가 왜 여전히 중요한지 이해하는 데 가장 좋은 방법 중 하나가 될 것이다.

제럴드 브레이 (비손 신학교, 신학 연구 교수)

기독교 신앙에서 칭의 교리보다 더 중요한 교리는 없다. 이 교리를 배울 때 슈라이너 박사만큼 배우고 싶은 성경학자는 없다고 생각한다. 우리 시대 가장 저명한 신학자 중 한 명이 이 짧은 책에서 교회의 존립 여부를 결정하는 교리를 간결하게 설명한다. 이 책을 읽고 그 유익을 누리는 것만으로도 충분한 이유가 된다.

팀 챌리스 (『슬픔의 계절』 저자)

이 놀랍도록 풍부하고 간결한 연구는 기독교의 중심 교리를 어떻게 이해하고 설명해야 하는지에 대한 모델을 제시한다. 슈라이너는 칭의에 관한 성경적 이해, 이를 지키기 위해 수세기에 걸쳐 벌어진 투쟁, 종교 개혁 시기의 재발견을 자세히 설명한다. 이 책은 세부적인 주해와 대안적 이해에 대한 상호작용이 풍부하다. 이 연구는 칭의가 무엇인지, 칭의가 왜 기독교적 삶과 사상에서 중심적인지 매우 성공적으로 제시한다. 슈라이너가 말하듯, "이 교리는 우리에게 확신을 주고, 우리를 두려움에서 해방시키며, 우리 마음에 찬양을 일깨워 준다." 이 책은 깊이 있으면서도 실용적이어서 배우고 마음에 새길 가치가 충분하다!

로버트 W. 야브루 (커버넌트 신학교 신약학 교수)

슈라이너는 이 칭의 교리 입문서에서 특유의 명료함으로 신약학자이자 기독교 사역자로서 오랜 충실한 노력의 결실을 맺고 있다. 이 책은 교회사, 성경 자료, 현대의 도전, 신학적 정립, 실천적 적용을 폭넓게 다루지만, 여전히 간결하고 접근하기 쉽다. 이 간략한 설명의 바탕에는 슈라이너의 신중한 주해 및 신학 연구와 묵상이 자리 잡고 있다. 그는 독자들에게 믿음으로 인한 칭의가 단순한 신학적 논쟁거리가 아니라는 것을 상기시킨다. 칭의는 그리스도인의 확신, 자유, 기쁨의 근원이다!

R. 루카스 스탬프스 (오클라호마 침례 대학교 호브스 신학 대학 학장)

차례

시리즈 서문

고대 그리스 사상가 헤라클레이토스는 "사물의 본질에 귀를 기울여야 한다"고 말한 것으로 유명하다. 조직신학을 구성하는 전통적인 주제들을 다루는 일련의 신학적 연구는 바로 그 일을 할 필요가 있다. 이 시리즈의 각 연구에서 신학자들은 교리의 본질을 서술한다. 이 시리즈는 기독교 전통과 현대 신학에 모두 부합하도록 기획되었으며, 교회가 하나님께서 성경에 계시하신 다양한 주제들을 충실히 이해하고, 사랑하며, 가르치고, 적용할 수 있도록 돕기 위한 짧은 신학 연구를 제공하는 것을 목적으로 한다. 포괄성이 약화되는 부분은 칼빈이 그의 로마서 주석 헌사에서 언급한 "명확한 간결함"으로 보완될 수 있다.

물론 어떤 교리를 철저히 연구하려면 시간이 걸릴 수밖에 없다. 왜냐하면 2천 년에 걸친 신앙 고백, 토론, 논쟁과 상호작용해야 하기 때문이다. 따라서 짧은 연구는 더 선택적이어야 하지만, 신중해야 한다. 다행히도 이 시리즈의 기고자들은 간결하면서도 정확한 글쓰기를 할 수 있는 능력을 지니고 있다. 핵심 목표는 단순함이 단순함으로 변질되지 않도록 하는 것이다. 짧은 연구의 주제를 더 깊이 연구할 때, 새로운 학습이 필요한지를 확인하는 것이 중요하다. 단순함은 확장될 수 있지만, 단순화된 것은 고쳐져야 한다. 편집자로서 우리는 이 시리즈의 책들이 그 시험을 통과했다고 믿는다.

각 권의 구체적인 초점은 다르지만, (1) 교리를 소개하고, (2) 그것을 상황화하며, (3) 성경에서 발전시키고, (4) 다양한 실을 엮어 통합하며, (5) 그것을 그리스도인의 삶에 적용하는 것을 목표로 한다. 우리는 이 시리즈가 교회가 살아 계신 말씀이신 예수 그리스도를 증거하는 기록된 말씀에 은혜롭게 계시하신 그분의 생각을 성령의 강력한 역사 안에서 사유함으로써 삼위일체 하나님을 기쁘시게 하는 데 도움이 되기를 기도한다.

그레이엄 A. 콜. 오렌 R. 마틴

서문

이 책의 집필을 제안해 준 오렌 마틴과 그레이엄 콜에게 감사를 표한다. 특히 가까운 이웃이자 소중한 친구인 오렌 마틴에게 감사의 마음을 전한다. 마틴 박사와 콜 박사가 원고를 편집하고 개선을 위한 제안을 해준 것에 대해서도 감사드린다. 또한 크로스웨이^{Crossway}에서 이 책의 편집을 맡아준 오래된 친구 크리스 코완의 예리한 시각과 탁월한 편집 능력에 감사의 뜻을 표한다. 더불어 이 책을 출판하고 신뢰할 수 있고 유익한 책들을 출간해 온 크로스웨이^{Crossway}의 충실한 사역에도 감사드린다.

나는 오랜 세월 동안 칭의에 대해 자주 글을 써왔지만, 이 주제는 삶에서 가장 중요한 문제 중 하나인 거룩하신 하나님 앞에 섰을 때 어떻게 죄에서 자유로울 수 있는지를 다루기 때문에 결코 지치지 않는다. 이 책은 칭의 교리에 대해 전문적으로 접근하지 않으면서도 독자들이 칭의 교리의 성경적이고 역사적인 기초를 이해하도록 돕는 것을 목표로 한다. 이 교리는 장문의 저서뿐만 아니라 설교, 가정 성경 공부, 대학과 신학교 수업, 그리고 주요 가르침을 요약한 책들에서 다루어져야 하며, 설명되고 변호되어야 한다. 나보다 앞서 칭의에 대해 글을 쓴 많은 권위자가 있으며, 이 소중한 진리에 대해 직접 또는 글로 가르쳐 준 모든 분께 빚을 지고 있음을 인정하고 감사를 표한다. 믿음으로만 얻는 칭의를 당연하게 여기면 금방 잊히기 때문에 교회의 생명과 건강을 위해 이 진리를 정기적으로 가르쳐야 한다는 마르틴 루터의 주장은 옳다. 믿음에 의한 칭의를 당연하게 여긴다면 우리의 시선은 하나님의 은혜에서 멀어지고, 우리가 하는 일과 성취에 집중할 것이다. 칭의는 구원이 하나님의 역사이며, 우리가 그분의 사랑으로 은혜를 입었고, 우리의 소망은 우리 자신이 아닌 십자가에 못 박히시고 부활하신 그리스도에게 있음을 상기시켜 준다.

서론

    칭의는 단순한 교리적 질문에 그치는 것이 아니라 참되신 하나님과의 관계에 대한 문제이며, 우리가 어떻게 의롭게 설 수 있는가에 관한 핵심적인 주제이다. 따라서 칭의는 삶에서 가장 중요한 질문 중 하나이다. 이 질문은 우리가 거룩하신 하나님 앞에서 죄인임을 깨닫고, 우리의 불의로 하나님께서 우리를 그분 앞에서 의롭다고 여기실 이유가 없다는 것을 인식할 때 더욱 절실해진다. 우리는 주님께 순종하지 않았기 때문에 변호가 아닌 심판을 받아야 마땅하다. 그러나 복음은 우리가 이스라엘의 거룩하신 하나님 앞에서 의롭게 될 수 있음을 선포한다. 경건하지 않은 자들이 십자가에 못 박히고 부활하신 예수님을 믿는다면, 심판자이신 하나님 앞에서 의롭다고 선언될 것이다.

칭의 교리는 하나님과의 관계를 다루기 때문에 목회적으로 긴급한 문제가 분명하지만, 16세기 서방 교회의 분열에서 근본적인 역할을 했기 때문에 학문적, 신학적으로도 중대한 질문을 제기한다. 예수님은 교회가 연합되기를, 교회가 하나가 되기를 기도하셨으나요 17:21, 23, 이 교리는 교회에 큰 분열을 초래했으며, 그 분열은 오늘날까지 계속되고 있다. 이러한 분열이 가치가 있었는가? 정당했는가? 아니면 우리 조상들, 특히 개혁주의 조상들이 잘못된 길로 갔는가? 이러한 질문에 대한 답은 칭의를 어떻게 이해하고 그 교리를 얼마나 중요한 것으로 여기는가에 따라 달라진다. 교회의 분열은 항상 비극적이다. 그럼에도 불구하고, 예수님은 단순한 연합이 아닌 진리에 기초한 연합을 위해 기도하셨다요 17:17, 19. 나는 이 책에서 칭의justification를 둘러싼 분열이 정당하다justified, 의도된 언어유희!고 주장할 것이다. 칭의는 우리가 선포하는 복음 메시지의 핵심이기 때문이다.

다음 장들의 간략한 개요는 독자들이 이 짧은 연구를 탐색하는 데 도움을 줄 것이다. 1장에서 우리는 교회의 역사를 고찰하면서 시작한다. 우리가 성경이 칭의에 대해 가르치는 바를 고려한 첫 사람들이 아니기 때문에, 교회 역사에서 이 교리가 어떻게 이해되었는지 간단히 조사하는 것이 적절하다. 우리가 그 영향을 인식하지 못하더라도 우리보다 앞선 사람들로 형성되고 영향을 받는다. 따라서 교리에 대한 우리 자신의 개념을 더 명확하게 파악하기 위해서 역사적 배경을 살펴보는 것이 필수적이다. 2장은 구약성경의 칭의에 관한 가르침으로 넘어간다. 사람들은 종종 이 문제에 대해 바울에게, 그리고 바울에게만 의존하는 경향이 있지만, 그러한 관점은 단편적이고 왜곡될 수 있다. 때때로 바울은 모든 사람에 맞서 칭의를 외친 고독한 영웅으로 묘사되지만, 바울의 가르침은 구약성경에 뿌리를 두고 있으며 이전의 계시와 일치한다.

3장은 복음서에서 나사렛 예수를 통해 칭의에 대해 무엇을 배울 수 있는지 살핀다. 일부 학자는 바울이 기독교를 재창조했으며, 그의 가르침이 예수님의 가르침과 근본적으로 반대된다고 주장해왔다. 특히 칭의에 관해, 예수님이 바울의 칭의에 대한 이해를 공유하지 않았다고 주장하면서 이러한 반론이 제기되었다. 나는 이 반대가 틀렸다는 것, 즉 예수님의 가르침이 바울이 마시는 샘물이라는 것을 보여주려고 한다. 바울은 기독교를 재창조한 것이 아니라 그리스도의 죽음과 부활 이후 시대를 살면서 메시아의 메시지를 충실하게 해석한 것이다. 4장은 우리를 바울에게 이끈다. 대부분 사람들은 바울이 논쟁 속에서 칭의를 설명하고 해석했다는 개념에 동의할 것이다. 논쟁이 치열해질 때 자연스럽게 드러나는 선명함과 더불어, 그는 이 교리에 더욱 날카로운 경계를 부여했다.

5장은 신약 성경의 나머지 부분을 다룬다. 칭의는 사도행전, 공동 서신서, 요한계시록에서 바울 서신서만큼 집중적으로 다뤄지지 않는다. 사실 이 글들 중 일부는 이 문제를 전혀 언급하지 않는다. 야고보서가 특히 문제가 되며, 바울과 야고보 사이에 명백한 모순이 있다고 생각하는 사람들도 있다. 나는 이 문헌에서 칭의의 가르침이 우리가 예상하는 것보다 더 많이 존재하며, 바울과 야고보를 동일한 복음 안에서 동료이자 친구로 여겨야 한다고 주장할 것이다. 6장은 믿음으로만 얻는 칭의 교리에 대한 현대의 도전들을 다룬다. 여기서 우리는 새 관점 NPP과 묵시론적 해석에 집중할 것이다.

7장은 칭의와 조직신학을 고찰하면서 새로운 방향으로 나아갈 것이다. 여기서는 칭의와 구속, 화해, 양자 됨, 성화와 같은 다른 구원적 실재와의 관계를 살펴보려고 한다. 나는 그리스도와의 연합이 이러한 다른 구원적 실재들을 포함하는 포괄적인 범주라고 제안할 것이다. 칭의가 이러한 교리들과 어떻게 통합되어야 하는지에 대해 어떤 결론에 도달할 수 있을까? 구원의 다양한 측면이 칭의와 어떤 관련성을 가지는지에 대해 신학적 판단을 내릴 수 있을까? 나는 이러한 조직신학적 질문들이 성경적 증거와 동떨어진 것이 아니며, 오히려 더 큰 이해를 촉진한다고 주장할 것이다. 또한 이와 관련된 몇 가지 제안을 할 것이다. 이 책은 우리가 걸어온 길과 그것이 오늘날 우리에게 주는 의미를 되돌아보는 짧은 에필로그로 마무리될 것이다.

1

교회사에서의 칭의

이 장에서는 교회사에서의 칭의를 다루며 구약과 신약을 포함하지는 않는다. 물론 성경의 증거가 칭의와 관련하여 가장 중요한 역사적 자료임은 분명하다. 이 책의 대부분은 칭의 교리의 성경적 초상을 다루는 데 할애될 것이다. 그러나 본 장에서는 성경적 이해를 논하기 전에, 교회사에서의 칭의를 간략히 살펴볼 것이다. 우리는 종종 앞서 간 사람들의 어깨 위에 서 있다는 말을 듣는다. 이전 세기의 그리스도인들이 칭의에 대해 어떻게 말했는지 살펴보지 않고 이 주제에 뛰어드는 것은 참으로 어리석은 일이다.

일부, 아마도 소수 개신교도들은 종교 개혁 이전이나 우리 시대 이전에 쓰인 대부분의 글이 쓸모없거나 심지어 해롭다고 생각하는 이상한 경향이 있다. 그러나 잠시만 생각해보면 이러한 잘못된 개념에서 벗어 날 수 있을 것이다. 수세기 동안 경건하고 학식 있는 많은 그리스도인 들이 성경을 연구해 왔으며, 그들의 연구 목적은 자신의 편견을 발전시 키기 위해 성경의 가르침을 왜곡하는 것이 아니었다. 물론 그들도 실수 를 저지르고 맹점이 있었지만, 우리 역시 마찬가지이다. 우리도 전제 와 편견에서 자유롭지 않다. 우리는 신앙의 조상들을 성경과 특히 칭 의의 의미에 대한 무오한 안내자로 숭배하지 않지만, 그들의 말에 귀 를 기울이지 않거나 외부의 이념에 사로잡힌 것처럼 무시하지도 않는 다. 성경은 최종 권위이지만, 우리 앞서 제자도의 길을 걸었던 경건한 많은 신자들은 우리의 교사로서 존중받아야 한다.

초대 교회

일부 학자는 초대 교회 저자들이 바울의 칭의 교리를 이해하지 못했 고, 그로 인해 교회 초기 역사에서 그 진리가 상실되었다고 주장해 왔 다.[1] 그러나 상황은 더 복잡하다. 실제로 초대 교회의 증거를 살펴보 면, 우리는 믿음에 의한 칭의, 심지어는 오직 믿음에 의한 칭의가 많이

---

1 예를 들어, Thomas F. Torrance, *The Doctrine of Grace in the Apostolic Fathers* (Grand Rapids: Eerdmans, 1948).

확언되었다.[2] AD 96년경에 쓰인 것으로 보이는 클레멘트 1서[1 Clement]는 분명히 칭의가 경건이나 행위에서 오는 것이 아니라 믿음으로 말미암는다고 확언한다[1 Clem. 32:3-4]. 마찬가지로, 2세기 초에 쓰인 이그나티우스의 편지들에서 이그나티우스는 "칭의"라는 단어를 사용하지 않지만, 그리스도의 죽음과 부활에 담긴 그리스도의 은혜를 강조하며, 하나님의 자비에 소망을 두는 개념을 포함하고 있다[Magn. 8:1; Phld. 5:1-2; 8:2; 9:2; Smyrn. 6:1-2; 11:1].

칭의에 관한 가장 아름다운 진술은 2세기에 쓰인 디오그네투스에게 보내는 편지[Epistle to Diognetus 9:2-5]에 나타난다. 그 내용은 다음과 같다.

> 그러나 우리의 불의가 완전히 이루어지고 그 대가, 즉 형벌과 죽음이 예상되는 것이 완전히 분명해졌을 때, 마침내 하나님께서 그분의 선하심과 능력을 드러내시기로 결정하신 계절이 도래했습니다(오, 하나님의 넘치는 선하심과 사랑이여!). 그는 우리를 미워하거나 거절하거나 원한을 품지 않으시고 오히려 오래 참으시고 용납하시며 자비로 우리 죄를 짊어지셨습니다. 그분은 스스로 우리를 위해 자기 아들을 대속물로, 불법한 자를 위해 거룩한 자를, 죄인을 위해 죄가 없는 자를, 불의한 자를 위해 의로운

---

2 다음은 이 견해를 옹호한다. Brian J. Arnold, *Justification in the Second Century* (Waco, TX: Baylor University Press, 2018). 또한 마이클 호튼의 뛰어난 다음 연구를 참조하라. Michael Horton, *Justification*, New Studies in Dogmatics, 2 vols. (Grand Rapids, MI: Zondervan Academic, 2018), 1:39-91. 이번 장은 특히 이 두 자료에 근거하고 있다.

자를, 썩어질 자를 위해 썩지 않는 자를, 죽을 자를 위해 죽지 않는 자를 포기하셨습니다. 그분의 의가 아니면 무엇으로 우리의 죄를 덮을 수 있었을까요? 불법하고 불경건한 우리가 의롭게 될 수 있었던 것은 오직 하나님의 아들 안에서만 가능했습니다. 오, 달콤한 교환이여, 오, 하나님의 이해할 수 없는 역사여, 오, 예상치 못한 복이여, 수많은 사람의 죄가 한 의로운 사람에게 숨겨지고, 한 사람의 의가 많은 죄인을 의롭게 합니다![3]

순교자 유스티누스는 유대인 반대자 트리포와 유명한 논쟁을 벌였다참조.『트리포와의 대화』. 이 논쟁은 여러 면에서 바울이 갈라디아서의 거짓 교사들과 벌인 논쟁을 떠올리게 한다. 트리포는 갈라디아의 바울을 반대한 사람들과 비슷하게 구원을 받기 위해 할례를 받고 율법을 지켜야 한다고 강조했다. 유스티누스는 할례가 구원에 필수적이지 않으며, 칭의는 믿음에 의한 것이라고 주장했다『트리포와의 대화』 23.3-4; 92.2. 구원은 율법을 행함으로 이루어지는 것이 아니라 예수님의 십자가 사역을 통해 이루어지기 때문에『트리포와의 대화』 11:4-5; 137.1 모든 행위로 이루어지는 의『트리포와의 대화』 137.1-2는 거부된다. 예수님이 믿는 자들을 대신하여 그들이 받아야 할 저주를 짊어지고 죽으셨기 때문에 믿는 자들은 예수님의 죽음을 통해 의롭게 된다『트리포와의 대화』 95:1-3.

---

3 "The Epistle to Diognetus," in *The Apostolic Fathers: Greek Texts and English Translations of Their Writings*, ed. and trans. Michael W. Holmes, 3rd ed. (Grand Rapids: Baker Academic, 2007), 709, 711.

Justification

초대 교회의 또 다른 위대한 사상가이자 성경 신학을 처음으로 깊이 시도한 인물로 평가받는 이레나이우스약 130-202년는 구체적으로 칭의의 의미를 설명하지 않았지만, 예수님이 인간의 경험을 요약적으로 되풀이하셨고, 그리스도의 십자가에서 죄와 죽음에 대한 승리를 이루어 그분의 죽음으로 죄인들을 자신과 화해시켰다고 가르친 것으로 유명하다.

오리게네스Origen, 185-254는 신학적으로 다소 혼합된 인물이지만, 그는 십자가의 강도의 이야기를 통해 우리가 믿음으로 의롭게 된다는 것을 올바르게 분별했다.[4] 오리게네스는 의가 율법의 행위에서 오는 것이 아니라 우리의 믿음에 근거를 둔다고 말한다. 동시에 그는 믿음을 실천하는 자들이 선한 행위를 할 것이라고 강조하며, 이 점에서 그는 철저하게 성경적이다. 그러나 오리게네스는 항상 일관성을 유지하지 못했고, 때때로 공로로 믿음을 설명하기도 했다. 그는 또한 율법의 행위를 유대인의 관습으로 이해하는 새 관점New Perspective을 예상하게 만들었다. 칭의가 과거의 죄에 대해서만 용서를 보장한다는 오리게네스의 개념은 적절하지 않으며, 칭의를 단순히 선언이 아닌 과정으로 보는 듯하다. 그러나 닉 니덤Nick Needham은 대부분 초대 교부들이 칭의를 변화와

---

4   여기에서 요약된 오리게네스에 대한 견해는 다음을 참조하라. Horton, *Justification*, 1:54-66.

과정이 아니라 법정적이고 선언적인 것으로 믿었다고 주장한다.[5] 개혁주의자들은 오리게네스의 결함을 인정하지만, 칭의가 초대 교회에서 철저하게 논의되고 연구되지 않았다는 점을 인식한다. 따라서 우리는 부족한 정확성과 실수들에도 놀라지 말아야 한다.

다른 많은 증언도 언급될 수 있다. 4세기 저술가 키루스의 테오도레토스Theodoret of Cyrhuss는 에베소서 2장 8절에 대해 다음과 같이 말한다. "우리가 믿은 것은 우리 스스로 한 것이 아니며, … 우리가 믿었을 때에도 하나님께서 우리에게 순결한 삶을 요구하지 않으셨고, 단지 믿음만을 인정하셔서 죄 용서를 베풀어 주셨다."[6] 여기서 우리는 에베소서 2장 8절에 대한 초기의 충실한 주석을 볼 수 있으며, 죄 용서는 칭의를 말하는 다른 방식으로 표현한 것이라고 볼 수 있다. 초대 교회의 가장 위대한 설교자 중 한 명으로 알려진 크리소스토무스 역시 에베소서 2장 8절을 비슷하게 해석했다. 그는 자유 의지에 대한 이해에서 일부 종

---

5   Nick Needham, "Justification in the Early Church Fathers," in *Justification in Perspective: Historical Developments and Contemporary Challenges*, ed. Bruce L. McCormack (Grand Rapids, MI: Baker Academic, 2006), 27-37.

6   다음에서 인용. Thomas C. Oden, *The Justification Reader* (Grand Rapids: Eerdmans, 2002), 45.

교개혁자들과 차이가 있었다.[7] 그럼에도 불구하고 크리소스토무스는 칭의를 위해서는 율법을 완벽하게 순종해야 하며, 따라서 인간은 자기 행위로 의롭다 함을 받을 수 없다고 믿었다. 율법의 행위에 대한 크리소스토무스의 이해는 종교개혁자들의 견해와 일치한다. 따라서 칭의는 인간의 공로가 아닌 하나님의 은혜에 의한 것이며, 인간이 행하는 선한 행위는 하나님의 은혜의 결과이다.

마리우스 빅토리누스Marius Victorinus는 4세기 중반에 쓴 글에서, 우리가 우리의 덕이나 공로로 구원받는 것이 아니며, 율법의 행위로 하나님 앞에 의롭게 설 수 없다고 가르쳤다.[8] 그는 구원이 하나님의 은혜로 이루어지며, 그에 따르는 선행도 또한 하나님의 은혜로 가능하다고 단언했다. 푸아티에의 힐라리우스Hilary of Poitiers 또한 4세기에 쓴 글에서 인간은 죄인이기 때문에, 칭의는 율법을 통해서 가능하지 않다고 단언했다.[9] 힐라리우스는 반복해서 구원은 믿음으로 얻는 것이라고 강조하며, 아브라함, 십자가의 강도, 열한 시에 포도원에 온 일꾼마 20:1-16이 모두 믿

---

7 크리소스토무스에 관해서는 다음을 참조하라. Oden, *The Justification Reader*, 44-45; John Chrysostom, *Homilies on Second Corinthians*, in *A Select Library of the Nicene and Post-Nicene Fathers of the Christian Church*, First Series, ed. Philip Schaff, 14 vols. (New York: The Christian Literature Company, 1889), 12:334.

8 참조. D. E. H. Williams, "Justification by Faith: A Patristic Doctrine," *Journal of Ecclesiastical History* 57 (2006): 655-56.

9 힐라리우스의 견해와 인용은 다음을 참조하라. Williams, "Justification by Faith," 657-60.

음으로 의롭다 함을 얻었다고 언급한다. 흥미롭게도, 힐라리우스는 칭의가 오직 믿음으로만 이루어진다고 말하며, "오직 믿음으로만 의롭다 하심을 얻기 때문에 … 세리와 창녀가 천국에서 먼저 될 것이다"라고 언급한다. 암브로시애스터^{Ambrosiaster}라는 이름으로 알려진 초대 교회의 저술가도 칭의는 오직 믿음으로만 이루어진다고 가르쳤다.[10] 그는 최종적인 보상에 대한 공로를 말하기 때문에 개혁주의적 관점의 정확성에 다소 부족함이 있다. "공로"라는 단어는 문제의 소지가 있지만, 종교개혁 이후 관점에서 암브로시애스터가 의도하지 않은 의미를 이 단어에 부여할 수 있으며, 선한 행위의 중요성을 강조하는 당시의 주류 견해와 일치하는 부분이 있다.

아우구스티누스³⁵⁴⁻⁴³⁰는 기독교 전체에 가장 큰 영향을 끼친 신학자라고 말할 수 있다.[11] 은혜에 대한 아우구스티누스의 이해는 종교개혁자들을 예견하고, 그들에게 큰 영향을 미쳤다. 그의 예정 교리는 은혜의 신학 안에 위치해야 하며, 하나님의 택하시는 은혜가 우리를 믿음으로 이끌기 때문에, 칭의는 하나님의 선물이라는 결론에 이른다. 아우구스티누스는 반펠라기우스주의 논쟁에서 신자들이 행위가 아니라 은혜로 구원받는다는 점을 지속적으로 강조하며, 우리가 하나님을 기쁘시게 하는 모든 행위는 하나님의 선물에 달려 있음을 역설했다. 우

---

10 참조. Williams, "Justification by Faith," 662.

11 아우구스티누스에 관하여는 다음을 참조하라. Horton, *Justification*, 1:84-91.

리 안의 모든 선한 것은 하나님께서 은혜로 주신 것이다^{고전 4:7}. 아우구스티누스에게 율법의 행위는 의식법에 국한되지 않고, 율법 전체를 포함한다. 따라서 어떤 인간도 자신의 선함으로 하나님 앞에서 의롭게 될 수 없다.

아우구스티누스는 중요한 측면에서 종교개혁자들과 차이를 보인다. 그의 글들 중에서 선언적 의미가 있는 부분이 있지만, 그는 "의롭다 칭하다"를 "의롭다고 선언하다"가 아닌 "의롭게 하다"라는 의미로 정의한다. 따라서 아우구스티누스에게 칭의는 단순히 전가될 뿐만 아니라 내재적이며, 일회적인 선언이 아니라 하나의 과정이며, 법적 판결만이 아니라 신자들의 지속적인 변화를 설명한다. 이는 개혁주의 신학에서 잘 알려진 칭의와 성화의 구분이 아우구스티누스의 관점을 대표하지 않는다는 것을 의미한다. 아우구스티누스의 신학에서 성화와 칭의는 그리스도 안에서 하나님의 점진적 사역에 대한 두 가지 다른 은유이다. 그의 신학에서 두드러지는 것은 은혜의 효력이다. 하나님의 은혜가 창세 전부터 택하신 자들에게 믿음과 사랑을 부여하기 때문이다.

토마스 아퀴나스

여기서 우리는 상당한 기간을 건너뛴다. 아우구스티누스와 다른 초기 신학자들의 관점이 중세 시대를 지배했다. 다음으로 주목할 인물은 토마스 아퀴나스¹²²⁵⁻¹²⁷⁴로, 그의 사상은 오늘날까지 로마 가톨릭에 엄청난 영향을 미쳤다.[12] 아퀴나스의 원숙한 저작은 은혜와 예정에 대한 이해에서 아우구스티누스주의자였음을 보여주며, 아퀴나스는 칭의의 근거를 인간의 행위에서 찾지 않는다. 그는 칭의가 의식법이나 도덕법을 순종하는 것으로 이루어진다는 개념을 거부했으며, 이 점에서 오리게네스와 트렌트 공의회와는 차이를 보인다. 아퀴나스는 믿음을 선물로 보지만, 믿음이 사랑에 의해 형성된다고 생각했다. 이는 믿음과 사랑의 관계에 대한 중세의 일반적인 해석이었다. 그는 "믿음의 움직임은 자애에 의해 생기를 얻지 않으면 완전하지 않으며, 불경건한 자의 칭의에서 자애의 움직임이 믿음의 움직임과 함께 주입된다"고 말한다.[13] 믿음은 사랑에 의해 형성된다는 개념은 선행을 칭의에 포함시키는 것인데, 아퀴나스가 아우구스티누스를 따라 칭의를 선언적이고 법정적인 대신 혁신적이고 변화적인 것으로 이해하는 것은 전혀 놀랍지 않다.[14] 칭의는 영혼이 치유되고 변화되는 과정이다. 믿음은 사랑에 의해 형성되기 때문에 덕이 있으며, 공로가 칭의에 중요한 역할을 한다. 그러나 아퀴나스는 모든 공로를 하나님의 선택과 예정의 은혜에 돌리며, 인간이 행하는 선한 행위는 하나님 자신에게서 온다고 이해한다.

---

12 이 부분은 특별히 다음을 참조하라. Horton, *Justification*, 1:93-129.

13 Thomas Aquinas, *Summa Theologica*, 1-2.113.4. 나는 다음 자료를 사용했다. Aquinas, *Summa Theologiae Prima Secundae*, 71-114, ed. John Mortensen and Enrique Alarcón, trans. Fr. Laurence Shapcote, vol. 16 of *Latin/English Edition of the Works of St. Thomas Aquinas* (Lander, WY: The Aquinas Institute for the Study of Sacred Doctrine, 2012).

14 참조. Aquinas, *Summa Theologica*, 1-2.113.1.

종교개혁

종교개혁은 아우구스티누스와 아퀴나스 등의 신학을 따라 칭의가 내적 갱신과 변화라는 관점에서 이해되던 세계에서 시작되었다. 그럼에도 불구하고, 아우구스티누스와 아퀴나스에서 발견되는 은혜에 대한 특정한 개념이 모두에게 받아들여지지는 않았다. 가브리엘 비엘 Gabriel Biel, 약 1420-1495은 하나님이 최선을 다하는 사람들을 돕는다고 주장하며 당시의 일반적인 가톨릭 관점을 대표했다. 비엘에 따르면, 이러한 이해는 여전히 은혜로운 것이었는데, 이는 하나님이 이 관계를 언약적으로 정해 놓았기 때문이다. 하나님의 은혜를 받기 위해 우리 자신을 준비하는 것이 강조되었고, 배의 돛을 올려 바람을 맞거나 집의 덧문을 열어 빛이 들어오도록 하는 것에 비유되었다.[15] 이 견해에 따르면, 인간은 하나님과의 관계에서 첫 걸음을 내딛으며, 하나님의 은혜를 받을 준비를 하는 책임이 인간에게 있다.

이러한 가르침에 대한 응답, 즉 역사의 흐름을 바꾸어 놓은 응답은 마르틴 루터 Martin Luther, 1483-1546가 등장하면서 나타났다. 루터는 칭의와 관련하여 "교회가 서고 무너진다"라는 정확한 표현을 사용하지는 않았지만, 그는 분명히 이 개념에 동의했다. "왜냐하면 이 [칭의] 조항이 서 있으면 교회가 서고, 이 조항이 무너지면 교회가 무너지기 때문이

---

15 이러한 이해에 대해서는 다음을 참조하라. Alister E. McGrath, *From the Beginnings to 1500*, vol. 1 of *Iustitia Dei : A History of the Christian Doctrine of Justification* (Cambridge : Cambridge University Press, 1986), 84-85, 90.

다."[16] 루터는 칭의가 법정적이며, 사람이 의롭게 되는 것이 아니라 의롭다고 선언되는 것이라고 주장하면서, 칭의에 관한 아우구스티누스 전통에 반대했다. 이는 당시 지배적인 견해에서 벗어나는 극적인 변화를 나타냈다. 의는 더 이상 근본적으로 인간 주체 내에 위치하지 않는다. 칭의는 예수 그리스도의 죽음과 부활에 근거를 둔 법적 선언이다.

둘째, 루터에 따르면 칭의는 성화와 구별되어야 한다. 종종 이 둘은 동일한 실재를 의미하는 것처럼 혼동되곤 했다. 성화에는 믿음과 행위가 결합되지만, 많은 이들이 모든 행위가 믿음에서 비롯된다고 강조했다. 루터는 오직 믿음으로만독일어. allein 의롭다 함을 받는다고 강조한 것으로 유명하다. "우리는 율법의 행위나 사랑이 아닌 오직 그리스도를 믿는 믿음으로만 의롭다고 선언받는다."[17] 믿음만이 의롭게 하는 이유는 "믿음이 그리스도의 공로로 얻은 성령을 우리에게 가져오기 때문이다."[18] 믿음이 구원하는 이유는 그것이 "그리스도를 붙잡고, 나의 죄와 죽음이 그리스도의 죄와 죽음 안에서 저주받고 폐지되었음을 믿기

---

16 참조. Justin Taylor, "Luther's Saying: 'Justification is the Article by Which the Church Stands and Falls,'" *The Gospel Coalition*, August 31, 2011, https://www.the gospelcoalition.org.

17 Martin Luther, *Lectures on Galatians 1535: Chapters 1-4*, ed. Jaroslav Pelikan, vol. 26 of *Luther's Works* (St. Louis: Concordia, 1964), 137.

18 Martin Luther, "Preface to the Epistle of St. Paul to the Romans," in *Martin Luther: Selections from His Writings*, ed. John Dillenberger (Garden City, NY: Doubleday, 1961), 22.

때문이다."[19] 루터는 이 진리를 강력하게 표현하면서 신앙의 삶이 쉽지 않다고 강조한다. 그는 "하나님의 진노, 율법, 죄, 죽음 등으로부터의 자유"라는 말은 말하기 쉽지만, 그 자유의 위대함을 느끼고 그 결과를 투쟁과 양심의 고뇌, 실천 속에서 스스로 적용하는 것은 그 누구도 말할 수 없을 정도로 매우 어렵다"라고 언급한다.[20] 루터는 교리를 머리로는 인정할 수 있지만, 실제 일상에서 실천하기 어렵다는 사실을 인식하고 있었다.

성화에서 인간은 하나님의 은혜로 서서히 변화되지만, 칭의에서 우리는 그리스도 안에서 하나님의 사역에 근거하여 의롭다고 선언받는다. 신자로서 우리는 의롭다 함을 받았으면서도 동시에 죄인이다라틴어. simul iustus et peccator. 루터는 선행의 중요성을 부정하지 않으며, 이 문제에 대해 자주 글을 썼다. "행위 없이 믿음만이 의롭게 한다는 것은 사실이지만, 나는 믿음이 의롭다 선언된 후에도 잠들지 않고 사랑을 통해 활동하는 진정한 믿음에 대해 말하고 있다."[21] 그럼에도 불구하고, 칭의와 성화는 결코 혼동되어서는 안 되며, 칭의의 근본적인 성격은 반드시 인식되어야 한다.

---

19 Luther, *Galatians 1-4*, 160.

20 Martin Luther, *Lectures on Galatians 1535: Chapters 5-6*, vol. 27 of *Luther's Works*, 5.

21 Luther, *Galatians 5-6*, 30.

셋째, 이와 같은 맥락에서 칭의는 주입되는 것이 아니라 전가되는 것이다. 그리스도와 연합된 신자들은 낯선 의를 받는다.[22] 이 가르침의 함의는 매우 극적이다. 전가라는 의미는 차갑고 율법주의적으로 들릴 수있지만, 루터에게 칭의는 우리가 그리스도와 결혼하여, 믿음으로 그분과 연합될 때 우리의 것이 된다. 예수님은 우리의 신랑이시고, 우리는 그분의 신부이다. 우리는 그분께 속해 있기 때문에 의롭다 함을 받는다. 칭의는 인간 주체 내에 위치하는 것이 아니라, 전적으로 하나님의 은혜에 기인한다.

오늘날 루터의 칭의 이해에 대한 또 다른 해석이 등장했는데, 이는 일반적으로 핀란드 학파의 루터 해석이라고 불린다.[23] 이 해석에 따르면, 신자들은 그리스도와 함께 참여하며 그의 하나님의 임재를 부여받는다. 핀란드 학파의 해석에서는 칭의가 동방 교회 개념인 '데오시스'theosis와 밀접하게 관련되는데, 이는 신자들이 하나님화된다는 의미이다. 이 해석에 따르면, 하나님화는 신자들이 신이라는 의미가 아니라, 인간의 변화를 강조하며, 이 해석에서 칭의는 단지 법정적으로만 해석되지 않는다. 이 핀란드 학파의 해석을 받아들이는 이들에게 칭의와 성화 둘 다 변화를 수반하기 때문에, 루터에게 이 둘은 구별되어서는 안 된다. 핀란드 학파의 해석은 루터에 대한 근본적으로 다른 관점

---

22 참조, Luther, "Preface to the Epistle of St. Paul to the Romans," 86-88.

23 특별히 다음을 참조하라. Tuomo Mannermaa, *Christ Present in Faith: Luther's View of Justification*, ed. K. Stjerna (Minneapolis: Fortress, 2005).

을 제시하기 때문에 많은 논의를 불러일으켰다. 분명히 흥미롭고 매혹적이지만 설득력이 없는 것으로 거절되어야 한다.[24]

    루터에 관한 핀란드 학파의 해석이 부적절하다는 이유는 적어도 세가지가 있다. 첫째, 루터는 1531년에 멜란히톤의 법정적이고 율법적인 칭의 설명을 지지했다. 루터가 칭의를 하나님화라는 관점에서 이해해야 한다고 믿었다면, 멜란히톤의 해석이 그러한 해석과 반대되기 때문에 이러한 지지는 말이 되지 않는다. 둘째, 첫 번째 이유와 관련하여, 핀란드 학파의 해석은 후기 성숙한 루터보다는 초기 루터에 초점을 맞추고 있다. 루터는 초기 사역에서 쓴 글이나 말을 세월이 흐르면서 인정하기도 하고 거부하기도 했다. 학자를 연구할 때 전체 경력과 저작을 고려해야 하지만, 후기 또는 성숙한 시기의 저작이 가장 중요하다는 것은 합리적이다. 특히 루터는 논쟁 속에서 자신의 신학을 정교화하고 시간이 지나면서 자신의 입장을 날카롭게 다듬어갔다. 셋째, 핀란드 학파 해석의 신뢰성은 루터가 안드레아스 오시안더[1498-1552]의 가르침을 거부한 사실 때문에 약화되었다. 여기서 오시안더의 견해의 복잡성을 자세히 다룰 수는 없지만, 많은 면에서 핀란드 학파의 해석과 유

---

24 참조. Carl R. Trueman, "Is the Finnish Line a New Beginning? A Critical Assessment of the Reading of Luther Offered by the Helsinki Circle," *Westminster Theological Journal* 65 (2003) : 231-44; William W. Schumacher, *Who Do I Say That You Are? Anthropology and the Theology of Theosis in the Finnish School of Tuomo Mannermaa* (Eugene, OR: Wipf and Stock, 2010).

사하다. 루터가 핀란드 학파 해석을 지지했다면, 그가 오시안더를 단호히 거부한 것은 이해하기 어렵다. 결국, 루터의 칭의 이해는 변화적이라기보다는 법정적이었으며, 칭의를 하나님화 관점에서 이해하지 않았다고 결론을 내리는 것이 안전하다.

종교개혁 시기에 많은 인물이 있었지만, 이 짧은 개요에서는 개혁주의 신앙을 설명하고 변호한 오늘날에도 주목받는 또 다른 위대한 종교개혁가 존 칼빈1509-1564에 초점을 맞출 것이다. 루터와 마찬가지로, 칼빈은 칭의가 오직 믿음으로 이루어진다고 주장했다. 믿음은 우리를 의롭게 하는 덕이 아니라, 우리를 그리스도와 연합시키는 도구 또는 수단이며, 십자가에 못 박히고 부활하신 그리스도를 통해 우리가 의롭게 되었다는 것을 확신시켜 준다. 칼빈에 따르면 믿음은 하나님의 선물이다. 우리는 하나님의 사랑의 달콤함을 경험하고 그분의 사랑에 매료되며, 그 결과 주님을 신뢰한다. 칼빈의 믿음에 대한 정의는 잘 알려져 있다. "믿음을 그리스도 안에서 거저 주신 약속의 진리에 기초하며 우리 마음에 계시되고 성령을 통해 우리 마음에 인쳐진 하나님이 우리를 향한 은혜에 대한 확고하고 확실한 지식으로 정의한다면, 믿음에 대한 올바른 정의를 소유할 것이다."[25] 칭의는 목회적으로 중요한 역할을 한다. 의롭다 함을 받은 사람은 심판의 날을 바라보며 확신과 담대함을

25 John Calvin, *Institutes of the Christian Religion*, ed. John T. McNeill, trans. Ford Lewis Battles, 2 vols. (Philadelphia: Westminster, 1960), 3.2.7 (1:551).

얻기 때문이다. 어떤 사람들은 칼빈의 확신에 대한 견해를 신자들이 항상 확신과 담대함으로 가득 차 있다고 믿는 것처럼 오해하지만, 그는 신자들이 신앙의 여정에서 기복을 겪으며 때로는 그 담대함이 흐려질 수 있다는 점을 인정했다. 결국, 믿음은 자신에게서 시선을 돌려 예수 그리스도를 신뢰하는 것이며, 그리스도와 그분의 유익을 묵상할 때 우리의 믿음이 성장한다는 것을 의미한다.

칼빈은 또한 칭의가 전가를 포함한다고 강조한다. 그리스도를 신뢰하는 사람들은 그들의 죄를 용서받으며, 그들의 의는 내재적인 것이 아니라 외재적인 것이다. 칼빈에 따르면, 칭의는 변화나 의의 주입이 아니다. 칭의는 법정에서의 실재이며 믿음으로 그리스도와 연합된 자들은 하나님 앞에서 의롭다고 여겨지며, 의롭게 되는 것이 아니라 의롭다고 선언된다. 그렇기 때문에 우리의 칭의는 향상되거나 성장하지 않는다. 우리는 처음부터 완전하다. 칼빈은 이를 다음과 같이 설명한다. "그러므로 우리는 칭의를 하나님께서 우리를 의로운 자로 그의 은혜 안에 받아들이시는 것으로 단순히 설명한다. 우리는 그것이 죄 사함과 그리스도의 의의 전가로 이루어진다고 말한다."[26] 칼빈에 따르면, "우리는 그의 의가 우리에게 전가되기 위해서 멀리서 그를 바라보는 것이 아니라 우리가 그리스도를 입고 그의 몸에 접붙임을 받았기 때문에, 즉 그가 우리를 자신과 하나로 만드시는 것을 기꺼이 하셨기 때문

---

26 Calvin, *Institutes*, 3.11.2 (1:727).

에 그를 바라보는 것이다."[27] 성화는 칭의와 혼동되어서는 안 된다. 칼
빈은 이를 인상적으로 표현한다. "그러므로 의롭게 하는 것은 오직 믿
음만이지만, 의롭게 하는 믿음은 홀로 있는 것이 아니다. 마치 태양의
열만이 지구를 따뜻하게 하지만, 태양 속에서 그 열은 빛과 항상 결합
되어 있기 때문에 홀로 있는 것은 아니다."[28] 칼빈은 칭의와 성화를 구
별하면서도, 선행의 중요성에 대해 명확하게 언급하며, 선행을 믿음
의 열매로 본다.

로마 가톨릭의 대응: 트렌트 공의회

종교개혁 이전에 교회 전반에서 칭의의 의미에 대해 보편적인 합의
에 도달한 것은 아니었다. 초대 교회부터 다양한 이해가 퍼져 있었음
을 우리는 이미 목격했다. 그러나 칭의에 대한 종교개혁의 이해는 가톨
릭 교회의 위계 구조에 경종을 울렸다. 이에 대한 대응은 1545년부터
1563년까지 여러 회의를 통해 로마 가톨릭 교리를 정립한 트렌트 공의
회에서 공식화되었다. 그러나 트렌트 공의회 이전인 1541년, 레겐스부
르크 콜로키움에서 로마 가톨릭과 개신교 간의 화해를 이끌어내려는
시도가 있었다. 놀랍게도 칭의에 관한 선언문에서 상당한 합의가 이루
어졌고, 칼빈 자신도 이에 호의적이었다. 반면 루터는 처음부터 의심

---

27 Calvin, *Institutes*, 3.11.11 (1:737).

28 이 인용은 다음 책에서 왔다. Anthony N. S. Lane, *Justification by Faith in Catholic-Protestant Dialogue: An Evangelical Assessment* (London: T&T Clark, 2002), 181.

스러워 했으며, 칭의에 관한 선언문이 근본적으로 상반되는 개신교와 가톨릭의 견해를 하나로 묶으려는 시도라고 생각했다. 결국, 레겐스부르크에서의 선언문은 모호하게 남았고, 안타깝게도 콜로키움은 합의에 이르지 못한 채 해산되었다.

칭의를 둘러싼 논쟁은 매우 치열했으며, 예상대로 트렌트 공의회는 유감스럽게도 개신교의 칭의관을 거의 완전히 거부했다. 오직 믿음으로 의롭다 함을 받는다는 개념은 거부되었다.[29] 대신, 믿음과 행위가 협력하는 칭의에 대한 점진적 견해가 지지되었다.[30] 선행은 단순히 칭의의 열매가 아니라, 칭의의 원인과 근거 중 하나로 간주되었다.[31] 이는 칭의가 내재적이며 주입된 것으로 이해되었음을 의미하며, 오직 믿음sola fide이라는 공식은 거부되었다. 트렌트 공의회에 따르면, 믿음은 선행과 협력하며 우리의 칭의를 증가시킨다. 트렌트에서 선포된 믿음과 행위의 관계는 칭의가 법정적이거나 선언적인 것이 아니라, 변화적이며 내재적인 것으로 간주되었음을 나타낸다. 의는 부여되고 주입되는 것이지 전가되는 것이 아니다. 성화가 칭의와 결합된 것도 놀라운 일이 아니다. 칭의가 점진적이고 주입되는 것이라면, 죄인이 믿을 때 주어지는 구원도 신자가 하나님의 은혜에 협력하기를 멈출 경우 상실될

---

29 Council of Trent, Session 6, "On Justification," January 13, 1547, https://www.papalencyclicals.net, canon 9.

30 Council of Trent, "On Justification," canon 7, 16.

31 Council of Trent, "On Justification," canon 24.

수 있다. 로마 가톨릭 교회는 트렌트 공의회에서 칭의에 대한 이해를 명확히 했다. 의로움은 내재적이며 법적 선언이 아니고, 하나의 과정이며 단번에 이루어지는 선언이 아니다. 의는 믿음으로만 이루어지는 것이 아니라, 믿음과 행위가 함께 칭의를 구성한다. 따라서 칭의를 둘러싼 날카로운 대립이 드러난다. 종교개혁가들에게 칭의는 전가되며, 구원의 확신을 준다. 그러나 로마 가톨릭은 전가를 거부하고, 신자들이 그리스도의 전가된 의에 근거를 두고 최종 구원을 확신할 수 있다는 개념을 거부했다.

트렌트 공의회는 500여 년 전 일이며, 오늘날 로마 가톨릭에는 놀라운 다양성이 존재한다. 트렌트 공의회에서 명시된 개념이 오늘날 모든 가톨릭 신자의 견해를 대표하지는 않는다. 그럼에도 불구하고, 로마 가톨릭 교회의 공식 입장이 트렌트 공의회 이후 크게 변하지 않았으며, 이는 가톨릭 교회 교리서Catechism of the Catholic Church에서 분명히 드러난다. 예를 들어, 교리서는 칭의가 죄의 용서를 포함한다는 점을 올바르게 인식하지만, 칭의를 "내적 인간의 성화와 갱신"으로 정의하며 트렌트 공의회의 입장을 따른다.[32] 칭의는 의롭다고 선언하는 것뿐만 아니라 의롭게 만드는 것을 의미하기 때문에 아우구스티누스와 그의 계승자들의 영향이 분명히 드러난다. 칭의는 "죄의 노예에서 벗어나게

---

32 *Catechism of the Catholic Church*, rev. ed. (New York: Random House, 2012), 1989; 참조. 2019. 앞의 숫자들은 교리서의 단락 번호를 나타낸다. 다음 각주에도 동일하게 적용된다.

하며" "치유한다."[33] 개인의 믿음이 아니라 세례가 칭의의 은혜를 부여한다고 여겨진다. 이는 유아가 세례를 받을 때 의롭다 함을 받기 때문이다.[34] 칭의는 하나님과 인간이 각각 자신의 역할을 수행하는 협력으로 그려진다.[35] 칭의와 성화는 구별되지 않는다. 왜냐하면 칭의는 "전존재의 성화"를 포함하는 과정으로 묘사되기 때문이다.[36] 로마 가톨릭 신학에서 요구되는 협력은 특히 성사가 최종 구원에서 수행하는 역할에서 드러난다. 가톨릭 신학은 인간이 엄밀한 의미에서 하나님의 인정을 받을 만한 공로를 세울 수 없음을 인정한다.[37] 인간에게 부여되는 공로는 하나님의 은혜로운 선물이지만,[38] 공로 또한 "인간의 협력"에 기인하기 때문에 최종적인 것은 아니다.[39] 교리서는 "회개의 기원이 되는 첫 은혜를 받을 만한 공로를 가진 사람은 아무도 없다. 성령의 감동으로, 우리는 우리 자신과 타인을 위해 영원한 생명에 이르는 데 유용한 모든 은총뿐 아니라 필요한 물질적 재화까지도 얻게 해주는 공로를 쌓을 수 있다."라고 언급한다.[40] 로마 가톨릭은 공식적으로 트렌트 공의회 이후 입장을 바꾸지 않았다. 칭의와 성화는 여전히 동일한 상태

---

33 *Catechism of the Catholic Church*, 1990.

34 *Catechism of the Catholic Church*, 1992.

35 *Catechism of the Catholic Church*, 2002.

36 *Catechism of the Catholic Church*, 1995

37 *Catechism of the Catholic Church*, 2007.

38 *Catechism of the Catholic Church*, 2008-2009, 2011.

39 *Catechism of the Catholic Church*, 2025.

40 *Catechism of the Catholic Church*, 2027.

를 묘사한다. 칭의는 변화적이며 과정적이며, 가톨릭 교회의 성사 신학과 부합한다.[41]

결론

이 장에서는 초대 교회부터 현대 가톨릭까지 역사를 살펴보았다. 초대 교회에서 많은 저자가 칭의가 행위가 아닌 믿음에 의한 것이라고 주장했고, 일부는 칭의가 오직 믿음으로 이루어진다고 말하기도 했다. 동시에, 대부분 저자들은 구원에 대하여 선행의 중요성 또한 강조했다. 이 두 가지 주제는 성경에 모두 나타나기 때문에 그리 놀라운 것은 아니다. 초대 교회는 칭의의 의미를 신학적으로 또는 정교하게 다루지 않았다. 많은 사람이 칭의를 법정적으로 이해했지만, 아우구스티누스의 영향으로 중세에는 변화적인 칭의 이해가 지배적이었다. 반면, 아우구스티누스의 은혜 이해는 많은 이들이 칭의를 하나님의 선택적 은혜에 기인한다고 여기게 했다. 시간이 지나면서 인간의 선택의 역할을 강조하며, 하나님의 은혜를 받기 위한 준비에 대한 개념들이 두드러졌다.

권위 있는 종교개혁가들은 이러한 개념에 반대하여, 칭의를 새로운 방식으로 명확히 규정하며, 칭의가 변화시키는 것이 아니라 선언적이

---

41 다음 중요한 저작들을 참조하라. Gregg R. Allison, *Roman Catholic Theology and Practice: An Evangelical Assessment* (Wheaton, IL: Crossway, 2014); *40 Questions about Roman Catholicism* (Grand Rapids, MI: Kregel Academic, 2021).

며, 주입되기보다는 전가된 것이고, 내재적이기보다는 외재적인 것임을 강조했다. 칭의는 오직 하나님의 영광을 위한 믿음으로만, 오직 은혜를 통해서 이루어진다. 트렌트 공의회와 20세기의 가톨릭 교리서는 칭의에 대한 개신교의 이해를 반대하여, 인간이 칭의에서 하나님의 은혜와 협력한다고 주장했다. 그들은 칭의를 하나님의 은혜가 상실될 수 있는 하나의 과정으로 보았다. 종교개혁 이후 개혁주의와 루터교 정통주의는 종교개혁 초기의 칭의에 대한 통찰을 공고히 하고 더욱 정교하게 다듬었다. 가톨릭과 정통 개신교 간의 교리문답과 신앙고백서를 살펴보면, 종교개혁 이후로 개신교와 로마 가톨릭의 차이점은 근본적으로 변하지 않았지만, 오늘날 자신의 교회의 공식적인 가르침에 동의하지 않는 개신교와 로마 가톨릭 신자들도 많이 존재한다. 역사 비평적 연구가 성경 학자들 사이에서 영향을 미치기 시작하면서 새로운 견해들이 확산되기 시작했다. 역사적 개혁주의 입장에 대한 현대적 도전은 6장에서 더 자세히 다루겠지만, 역사 비평적 학문의 칭의에 대해 논의하는 것은 이 책의 목적이 아니다.

2
구약 성경의 틀

구약 성경은 오직 믿음에 의한 칭의를 가르치는가? 신약 성경에서 제시된 교리를 구약 성경에서 명시적으로 찾기란 어려운 일이다. 신약 성경은 하나님의 계시의 절정으로서, 구약에서는 발견되지 않는 명료함을 제공하기 때문에 이는 놀라운 일이 아니다. 그러나 구약 성경에서도 하나님의 은혜는 특징적이며, 주의 깊게 읽으면 인간이 믿음으로 하나님과 올바른 관계를 맺을 수 있다는 사실을 발견할 수 있다.

여호와는 갈대아 우르에 살던 아브람을 우상 숭배, 다른 신들을 예배하는 환경에서 부르셨다수 24:2-3. 아브람이 특별히 도덕적으로 우월했기 때문에 부름받은 것이 아니라, 하나님의 은혜로운 목적, 즉 주의 크신 자비와 사랑으로 부름받은 것이다. 아브라함과 맺은 언약은 이삭과 야곱에게도 이어지고 확증되었는데, 이 두 사람, 특히 야곱은 도덕적 성실성으로 두드러지지 않았다. 마찬가지로, 여호와께서는 이스라엘을 애굽의 노예 상태에서 해방시켰으며, 광야에서 이스라엘 백성의 행동은 그들의 구원이 도덕적 덕에 기인하지 않았음을 나타낸다. 사사 시대부터 앗수르기원전 722년와 바벨론기원전 586년 포로기까지 구약 성경 전반에 걸쳐 이와 같은 이야기는 이어진다. 여호와께서는 이스라엘의 죄를 심판하시지만, 자신의 백성을 버리지 않으시고, 그들의 완고함과 불순종에도 새로운 언약을 맺고예. 렘 31:31-34 자신의 율법을 그들의 마음에 새기겠다고 약속하신다. 이스라엘이 반복적으로 다른 신들을 예배하고 섬겼음에도 불구하고, 이스라엘은 버림받지 않는다. 이스라엘과 여호와의 관계는 선택된 백성의 선함과 의로움이 아니라, 하나님의 은혜와 자비에 기초한다.

두 가지 핵심 본문

구약에서 "의"가 어떻게 이해되는지를 살펴보기 위해 몇 가지 본문을 선택해 보는 것이 유익할 것이다. 첫 번째로 고려할 본문은 창세기 15장 6절과 하박국 2장 4절이다. 이 선택은 신약 성경의 영향이다. 이러한 이유로 유보적인 태도를 가질 수 있겠지만, 나는 이 두 본문에 집중하는 것이 자의적인 것이 아니라, 성경의 영감과 권위를 믿는 모든 사람이 마땅히 해야 할 일이라고 제안한다. 다시 말해, 성경이 하나님의 말씀이라는 개념에 동의하는 기독교 해석자에게는 성경 전체를 정경적으로 읽는 것이 필수적이다. 혹은 이전 세대의 그리스도인들이 말했듯이, "성경이 성경을 해석한다"는 원칙을 우리는 인정한다. 창세기 15장 6절과 하박국 2장 4절은 구약 성경을 포함한 하나님의 전체적인 경륜을 읽는 데 기본이다. 신약 저자들이 이 본문들을 인용하여 이신칭의 개념을 옹호했기 때문이다.

바울은 갈라디아서 3장 6절과 로마서 4장 3절에서 이신칭의를 지지하기 위해 아브라함과 창세기 15장 6절을 논의한다. 실제로 바울은 로마서 4장의 논의에서 창세기 15장 6절로 계속해서 돌아가며 논의를 전개한다. 로마서 4장 9절에서 이를 인용하고 4장 22절에서도 다시 언급한다. 물론, 야고보도 야고보서 2장 23절에서 창세기 15장 6절을 인용하지만 바울과는 상당히 다르게 사용하는 것으로 보인다. 이 책 뒷부분에서 야고보서로 돌아가 바울과 야고보 사이에 차이가 없다는 것을 논할 것이다. 이 지점에서 우리의 논의의 중심은 바울이 본문을 어떻게 사용하는지에 대한 것이다. 또한 로마서 1장 17절과 갈라디아서 3장 11절에서 인용한 하박국 2장 4절도 고려할 것이다. 이 두 구절은 모두 믿음에 의한 의를 변호하는 핵심 본문이다. 흥미롭게도 히브리서 저자는 위대한 믿음의 히브리서 11장으로 들어가기 직전에 같은 본문을 인용한다히 10:38.

내가 초점을 맞추는 것은 바울과 히브리서의 이 본문들에 대한 설명이 아니다. 대신 바울이 인용한 창세기 15장 6절과 하박국 2장 4절을 통해 구약 성경의 문맥에서 이 구절들을 다시 살펴보고자 한다. 우리는 창세기와 하박국에서 무슨 일이 일어나고 있는지 살펴보려 한다. 왜냐하면 우리가 정경적으로 읽는다고 할 때 본문을 문맥적으로 읽지 않는다는 의미는 아니기 때문이다. 정경적으로 읽는다고 해서 본문의 역사적 배경에서 본문의 목소리를 무시하거나 소멸시키는 것을 의미하지 않는다. 우리는 성경 전체의 증언과 원저자들의 관점에서 정경적이면서도 역사적으로 읽는다. 이 두 가지 읽기 전략은 서로 대립되지 않아야 하며, 오히려 이 두 가지 전략은 성경 본문에 대한 우리의 이해를 풍요롭고 깊게 한다. 구약 학자와 신약 학자로 구분하는 학문적 관행은 이러한 문헌을 해석하는 작업의 방대함을 고려할 때 이해될 수 있지만, 때때로 성경의 통일성과 역사적, 정경적 읽기의 필요성을 간과하게 만들기도 한다.

창세기 15장 6절

창세기 15장 6절부터 시작해 보자. 창세기 12장 1-3절에서 여호와께서는 아브람에게 땅, 자손, 그리고 전 세계에 미칠 복을 약속했다. 창세기 15장까지 수년이 흘렀음에도 불구하고, 아브람은 이러한 약속들 중 어느 것도 누리지 못했다. 그는 가나안 땅의 어느 곳도 소유하지 못했고, 복은 온 세상으로 확장되지 않았다. 후자가 놀랍지 않은 것은 복이 땅 끝까지 이르는 데 시간이 걸리기 때문이다. 아브람을 가장 불안하게 하는 것은 여호와께서 약속하셨음에도 불구하고 자손이 없다는 사실이었다. 창세기 15장은 여호와가 아브람에게 큰 상급을 약속하는 것으로 시작되지만, 아브람은 약간 냉소적으로 상급에 대해 질문을 던진다. 자손이 없고 상속자가 그의 종 엘리에셀이 될 것이라는 이유 때문이다. 여호와께서는 아브람에게 상속자가 아브람의 몸에서 나올 혈육의 아들이 될 것이라고 약속하신다. 자손에 대한 약속은 놀라울 정도로 극대화되며, 본문은 급격히 전개된다. 여호와께서는 아브람에게 밖으로 나가 밤하늘의 별들을 세어 보라고 명령하시며, 그의 자손이 별처럼 많을 것이라고 약속하신다. 어쩌면 우리에게 익숙하고 일상적인 것처럼 보일 수 있지만, 실제로는 매우 놀라운 장면이다. 아브람은 단지 한 아들을 가질 수 있는지 걱정하고 있었지만, 여호와께서는 그에게 질문하거나 상상할 수도 없을 만큼 무수히 많은 자손을 주실 것이라고 말씀하신다. 우리는 또한 아브람이 매우 낙담했기 때문에 주어진 약속을 쉽게 의심할 수 있었다는 것을 인식해야 한다. 약속의 첫 단계조차 이루어지지 않았는데(즉, 자기 아들 하나도 없는 상황에서), 어떻게 무수히 많은 자녀를 가질 것이라고 믿을 수 있겠는가? 그럼에도 불구하고 아브람은 하나님의 약속을 믿었고, 창세기 15장 6절이 말하듯이 "아브람이 여호와를 믿으니," 여호와께서는 "이를 그의 의로 여기셨다."

이 본문에 대한 바울의 해석은 정확하다. 아브람은 의롭다고 여길 만한 일을 아무것도 하지 않았다. 그는 임신하지 못하는 아내를 둔 노인이었기 때문에 약속을 이루는 데 완전히 무력했다. 아브람이 의로 여겨진 것은 하나님께 순종했기 때문이 아니라, 하나님을 신뢰했기 때문이며, 무언가를 이루었기 때문이 아니라 믿었기 때문이고, 하나님을 위해 일했기 때문이 아니라 하나님의 약속에 의지했기 때문이다. 또한 아브람이 특별히 고귀한 사람인 것처럼 믿음을 강조하는 것도 적절하지 않다. 아브람은 자신과 자신의 능력에서 눈을 돌려, 기적적인 약속의 말씀을 믿었기 때문에 의롭다 여겨졌다. 아브람의 믿음이 의로 여겨진 것은 그 믿음의 대상 때문이었다. 그 믿음의 대상은 유일하신 참 하나님, 즉 "자기를 앙망하는 자를 위하여 행하시는" 유일하신 참 하나님이었기 때문이다[사 64:4].

창세기 15장 6절을 강조하는 것에 대해 이의를 제기할 수 있다. 아브람이 창세기 15장의 사건들 이전에 주의 명령에 순종하여 고향을 떠나지 않았는가[창 12:1-4]? 그렇다면 아브람의 순종이 그의 믿음에 앞선 것이 아닌가? 분명히 아브람은 창세기 12장에서 약속의 땅으로 떠남으로써 주님께 순종했다. 그러나 정경적 해석은 이 일에 대한 명쾌한 해설을 제공한다. 히브리서의 저자는 "믿음으로 아브라함은 부르심을 받았을 때에 순종하여 장래의 유업으로 받을 땅에 나아갈새"라고 언급한다[히 11:8]. 아브람의 순종은 그의 믿음에서 흘러나왔고, 믿음이 순종의 근원이었다. 믿음이 뿌리이고, 순종이 열매라고 말할 수 있다. 히브리서 저자가 창세기 12장을 왜곡한 것인가? 그는 내러티브를 왜곡한 것인가? 결코 그렇지 않다. 그의 해석은 매우 타당하다. 아브람이 고향과 가족을 떠나 본 적도 없는 땅에 거주한 동기는 무엇인가? 하나님의 약속을 의지하지 않았다면, 약속된 것을 받을 것이라는 믿음이 없었다면, 본 적도 없고 들은 적도 없는 곳을 향해 고향을 떠나지 않았을 것이다.

우리는 믿음과 순종 사이의 긴밀한 유대와 연결을 볼 수 있으며, 이러한 연결은 성경의 증거로 자주 형성된다. 칭의는 믿음으로 심지어 오직 믿음으로만 이루어지지만 그 믿음은 결코 혼자가 아니다. 참된 믿음은 언제나 삶을 변화시키며 때로는 놀랍도록 극적인 방식으로 변화를 일으킨다.

하박국 2장 4절

우리가 고려하려는 또 다른 본문은 하박국 2장 4절이다. 하박국의 간략한 개요가 이 본문을 그 문맥 속에서 이해하는 데 도움이 될 것이다. 이 책은 하박국이 유다 왕국의 악행과 불법을 한탄하며, 하나님이 어떻게 그런 악을 용납하실 수 있는지 의문을 제기하는 것으로 시작한다. 여호와는 자기 백성을 심판하실 것이며 그 심판의 수단은 바벨론의 무서운 군사력이 될 것이라는 약속으로 답하신다. 그러나 하박국은 유다보다 더 악한 나라를 여호와께서 심판의 도구로 사용하실 수 있는지에 대한 의문을 제기하며 또 다른 딜레마에 빠진다. 주께서는 모든 질문에 대답하지 않지만, 바벨론도 심판을 받을 것이며, 그 악이 잊혀지거나 무시되지 않을 것이며, 심판의 날이 다가오고 있다고 하박국을 확신시킨다. 이러한 심판의 선언 속에서 우리는 "의인은 그의 믿음으로 말미암아 살리라"라는 말씀을 읽게 된다[합 2:4].

이 유명한 구절을 더 자세히 설명하기 전에, 하박국 3장이 어떤 역할을 하는지 살펴볼 필요가 있다. 여기에는 하박국의 기도로 불리는 시편이 있다. 본문을 자세히 다룰 지면은 없지만, 이스라엘이 출애굽하고 적을 물리친 옛 승리를 떠올리게 하는 이미지가 포함되어 있다. 주의 영광과 능력, 자기 백성을 위한 구원을 다시 이야기하며, 심판과 진노의 날에 하나님께서 자비를 베푸시고 자기 백성을 다시 새롭게 해주시기를 간구하는 것이 목적이다합 3:2. 여호와께서 과거에 백성에게 자비를 베푸셨던 것처럼, 다시 한 번 그 자비를 베풀어 주시기를 간구한다. 이스라엘이 한때 누렸던 구원과 해방이 다시 이스라엘 민족에게 주어질 것이지만, 먼저 심판이 임하고 하나님의 백성은 황폐해질 것이다. 그러나 그것이 최종적인 말씀은 아니다. 무화과나무가 싹을 내지 않고, 포도나무가 열매를 맺지 않으며, 식량과 올리브가 부족하고, 양떼와 가축이 충분하지 않을 것이다. 이 모든 것이 열매를 맺지 못하고 악에 굴복한 이스라엘에 곧 닥칠 앞날을 묘사한다. 그럼에도 하박국은 주님께서 결국 자비를 베푸시고, 그 나라가 구원받고, 적들을 물리치고 승리할 것을 믿는다합 3:18-19.

하박국의 기도는 하박국 2장 4절을 해석하는 데 도움을 준다. 의인들은 주님께서 궁극적으로 자기 백성을 구원하실 것이라고 믿는다. 비록 이스라엘이 율법을 어겼기 때문에, 이스라엘에 심판이 임하고 이스라엘에 미래가 밝다고 믿을 이유가 없을지라도합 1:4, 의인들은 주님께서 출애굽 때에 행하신 것처럼, 이스라엘 역사의 이전 전쟁에서 행하신 것처럼 자비를 베푸시고 자기 백성을 구원하실 것이라고 믿고 신뢰한다. 많은 학자는 여기서 '믿음'을 의미하는 히브리어 단어 에무나אֱמוּנָה를 '믿음'이 아닌 '신실함'으로 번역해야 한다고 주장하며, 바울과 히브리서 저자가 이 본문을 원래 문맥에 맞게 적절하게 해석했는지에 대해 의문을 제기한다. 나는 이미 믿음과 순종, 하나님을 신뢰하는 것과 그분을 기쁘시게 하는 삶 사이의 유기적인 관계를 언급했다. 따라서 믿음과 순종을 분리해서는 안 된다. 동시에, 하박국 이야기는 바울과 히브리서 저자의 해석을 뒷받침한다. 이스라엘이 구원받는 이유는 그들의 선함 때문이 아니다. 그들은 철저히 실패했다. 그러나 의인들, 즉 하나님께 속한 사람들은 주님께서 과거에 그랬던 것처럼 자비를 베푸실 것이라고 믿는다. 여호와께서는 이스라엘이 선해서가 아니라 그분이 지극히 은혜로우시기 때문에 이스라엘을 구원하실 것이다.

하나님의 의로운 일하심과 구원하시는 의

하나님의 의를 생각할 때, 우리는 종종 불의한 자들에 대한 하나님의 심판, 즉 하나님의 길에서 벗어난 자들이 받는 형벌을 먼저 떠올린다. "의"라는 단어는 여호와를 버리고 악에 굴복한 이스라엘을 심판하시는 여호와와 관련하여 사용되었다. 예를 들어, 느헤미야는 이스라엘의 악행에 대해 여호와께서 그들을 벌하신 것은 의롭다고 고백한다 느 9:33. 예레미야애가의 저자도 여호와께서 이스라엘을 포로로 보내신 것이 옳다고 인정한다 애 1:18. 다니엘도 이스라엘의 죄를 슬퍼하며 주께서 바벨론 사람들을 보내어 이스라엘을 그들의 땅에서 쫓아내게 하셨다고 고백한다 단 9:7, 14. 하나님의 심판의 의는 시편 7편 11절에서도 분명히 나타난다.

하나님은 의로우신 재판장이심이여
매일 분노하시는 하나님이시로다

다른 본문예. 삼상 26:23; 시 50:6; 96:13; 99:4; 129:4도 인용할 수 있지만, 의가 여호와께서 악을 행하는 자들을 심판하신다는 개념을 포함한다는 것이 목적이다.

구약 성경에서 놀라운 것은 하나님의 의가 종종 구원하는 의를 묘사한다는 점이다. 예를 들어, 명사 "의"의 복수형 צדקת, 치드코트이 하나님의 백성을 위한 구원 행위를 가리킨다. 드보라와 바락은 이스라엘을 위한 위대한 승리를 거둔 후, 노래하는 자들이 "주의 의로우신 승리"를 어떻게 기념하며 축하했는지 이야기한다삿 5:11. 여기서 하나님의 의로운 일하심은 그분의 심판이 아니라 이스라엘을 억압하던 시스라를 상대로 이스라엘에게 허락하신 승리와 구원을 의미한다.

마찬가지로 사무엘상 12장에서 이스라엘이 왕을 요구했을 때, 사무엘은 모세와 아론의 출애굽과 과거 시스라, 블레셋, 모압에 대한 승리를 상기시키며 하나님께서 이스라엘 백성을 위해 행하신 일들을 열거한다. 이러한 승리는 이스라엘을 위한 구원과 해방을 의미하며, 사무엘은 이를 "여호와께서 너희와 너희 조상들에게 행하신 모든 공의로운 일"이라고 묘사한다삼상 12:7; 참조. 사 45:24.

비슷한 방식으로, 미가는 미가서 6장에서 이스라엘을 상대로 언약 소송을 제기하면서 이스라엘의 출애굽과 여호와께서 발람의 저주를 어떻게 복으로 바꾸셨는지 상기시킨다. 그는 이스라엘에게 "여호와가 공의롭게 행한 일을 알리라"고 촉구하며^{미 6:5}, 그 행위는 하나님의 백성을 위한 구원 행위, 즉 그분의 백성을 구원하는 데 나타난 자비로운 선하심을 나타낸다.

시편 103편을 고려해보자. 이 시편에서 독자들은 주의 선하심, 즉 죄를 용서해주시고, 병을 치유하시며, 구덩이에서 구원해 주시고, 신실한 사랑과 자비로 관을 씌워주시고, 선하심으로 그들을 만족시켜 주심에 대해 찬양하도록 부르심을 받는다. 시편 기자는 모세 시대에 여호와께서 이스라엘에게 자비와 긍휼을 베푸시고, 그 백성의 죄를 제거하신 일을 찬양하며 이렇게 선언한다.

> 여호와께서 공의로운 일을 행하시며 억압 당하는 모든 자를 위하여 심판하시는도다
>
> 시편 103:6

여기서 "의"^{공의로운 일}은 복수형이며, 문맥상 분명히 하나님의 구원 행위를 의미한다. 마찬가지로 이스라엘이 죄로 인해 포로 생활을 할 때, 다니엘은 주께서 그분의 모든 "공의"^{의로운 행위들}에 따라 자비를 베푸시고, 포로로 전락한 자기 백성을 구원해 주시기를 기도한다^{단 9:16}. 흥미

롭게도 하나님께서 자기 백성을 구원하시는 "의로운 행위들"은 이스라엘이 죄를 짓고 심판과 정죄를 받아 마땅한 상황에서 발견된다. 이스라엘의 죄에도 불구하고 여호와께서는 의로운 행위로 응답하시며 그분의 크신 선하심에 따라 자기 백성에게 자비를 베푸신다.

복수형 "의로운 행위들"은 종종 하나님의 백성을 위한 구원의 능력을 나타내며, 단수형 명사 "의" 또한 하나님의 구원하시는 자비를 묘사하기도 한다. 예를 들어, 시편 31편 1절에서 다윗은 이렇게 기도한다.

> 여호와여 내가 주께 피하오니 나를 영원히 부끄럽게 하지 마시고 주의 공의로 나를 건지소서
>
> 참조. 시 36:10; 40:10; 71:2

이사야에서도 동일한 개념을 볼 수 있다. 여호와는 다음과 같이 약속하신다.

> 내가 나의 공의를 가깝게 할 것인즉 그것이 멀지 아니하나니 나의 구원이 지체하지 아니할 것이라 내가 나의 영광인 이스라엘을 위하여 구원을 시온에 베풀리라
>
> 사 46:13; 참조. 사 51:4-8

하나님의 의는 바벨론 포로 상태에서 이스라엘을 구원하고, 그들을

노예로 부리는 권세에서 해방시키는 데 나타난다.

한 본문을 좀 더 자세히 살펴보자. 복음이 "구원"을 가져오는 하나님의 능력이라는 주장에서 시작하려 한다^{롬 1:16}. 바울은 "하나님의 의가 믿음에서 믿음으로 나타났다"^{CSB 성경. 롬 1:17, "하나님의 의가 나타나서 믿음으로 믿음에 이르게 하나니"[개역개정]}라고 선언하며, 이 구원을 자세히 설명한다. 특히 로마서 1:17과 1:16을 잇는 "왜냐하면"이라는 단어에 주목해야 한다. "의"^{δικαιοσύνη, 디카이오쉬네}와 "구원"^{σωτηρία, 소테리아}이 하나님께서 예수 그리스도 안에서 "나타내신"^{ἀποκαλύπτω, 아포칼립토} 복음을 설명하는 단어들이다. 의와 구원 사이의 연관성은 잘 알려져 있지만, 바울이 구약 성경을 인용하고 있다는 점은 명확하지 않을 수 있다. 시편 98편 2-3절의 말씀은 바울의 선언에서 반향을 일으킨다^{97:2-3 LXX}.

> 여호와께서 그의 구원을[σωτήριον, 소테리온] 알게 하시며,
>> 그의 공의를[δικαιοσύνην, 디카이오쉬넨]
>> 뭇 나라의 목전에서 명백히 나타내셨도다[ἀπεκάλυψεν, 아페칼립센].
> 그가 이스라엘의 집에 베푸신
>> 인자와 성실을 기억하셨으므로
> 땅 끝까지 이르는 모든 것이
>> 우리 하나님의 구원을[σωτήριον, 소테리온] 보았도다

시편 기자와 바울이 공유한 세 가지 중요한 단어, 즉 "구원", "나타

내다"; "의"는 바울의 신학적 배경을 형성하는 데 중요한 역할을 한다. 바울은 시편 기자로부터 하나님의 의가 그분의 구원하시는 의이며, 하나님께서 그 의를 나타내셨다는 사실을 가져온다. 바울에게 그 계시는 예수 그리스도 안에서 묵시론적으로 역사 한 가운데 침투해 들어왔다. 하나님께서 그리스도 안에서 행하신 일은 새 것이면서 옛 것이다. 그리스도의 죽음과 부활에서 시작된 새로움은 옛 세상의 질서를 무너뜨리지만, 이 사건은 오래전부터 약속된 것이기 때문에 옛 것이기도 하다. 하나님의 의가 구원하는 의라는 개념은 구약에서 자주 가르친 것이기 때문에 새로운 것이 아니지만, 그리스도 예수 안에서 그 약속이 실현된 것은 새로운 것이었다.

이사야에 나타난 칭의

구약에서 칭의가 바울의 모습으로 나타나기를 기대한다면 쉽게 발견하지 못할 수도 있다. 그러나 구약의 증언을 면밀히 살펴보면, 칭의가 다른 옷을 입고 다양한 문학적 장르로 표현된 것을 확인할 수 있다. 이사야 40-66장에서 칭의에 대한 또 다른 이해를 얻을 수 있다. 이 장들은 바벨론에서 이스라엘의 포로 생활과 여호와께서 자기 백성을 자유케 하시고 그들을 다시 그 땅으로 돌아오게 하실 것이라는 약속을 다루고 있다.

이사야서에서 두 번째 출애굽, 즉 이스라엘이 애굽에서 해방되었던 첫 번째 출애굽과 같은 새로운 출애굽이 자주 약속된다참조. 사 11:11-15; 40:3-

11; 42:16; 43:2, 5-7, 16-19; 48:20-21; 49:6-11; 51:10. 특히 이사야 40-66장에서 이러한 약속이 두드러진다. 중요한 질문은 왜 이스라엘이 포로로 잡혀갔느냐는 것이다. 한편으로는 그 답이 쉽게 간과될 수 있지만, 다른 한편으로는 매우 명백하다. 이사야서 40장에서 66장까지 그 답이 흩어져 잇지만, 이사야 42장 24절에서 명확하게 표현된다.

> 야곱이 탈취를 당하게 하신 자가 누구냐?
> 이스라엘을 약탈자들에게 넘기신 자가 누구냐?
> 여호와가 아니시냐 우리가 그에게 범죄하였도다
> 그들이 그의 길로 다니기를 원하지 아니하며
> 그의 교훈을 순종하지 아니하였도다

이스라엘이 포로로 잡혀간 궁극적인 이유는 바벨론 때문이 아니라, 토라에 순종하지 않고 여호와께 반역했기 때문이다. 따라서 여호와는 그들을 넘겨주셨다. 이스라엘이 포로가 된 이유는 이사야 50장 1절에서도 분명하게 선언된다.

> 보라 너희는 너희의 죄악으로 말미암아 팔렸고
> 너희의 어미는 너희의 배역함으로 말미암아 내보냄을 받았느니
> 라

실제로 주님은 이스라엘의 죄악 때문에 지치셨고^{사 43:24}, 그들의 죄로

자기 백성에게 얼굴을 숨기시고 그들을 자신에게서 분리하셨다[사 59:2]. 주님은 이스라엘의 범죄로 그들에게 진노하셨고, 그들이 구원을 받을 수 있을지 의문을 제기하셨다[사 64:4]. 이스라엘의 죄는 수없이 많고 널리 퍼져 있었으며[사 59:12], 그 나라의 생명을 파괴하는 암과 같았다. 실제로 이사야 59장은 하나님의 백성의 죄와 범죄에 대한 깊은 성찰을 담고 있으며, 우리는 이 장으로 다시 돌아가야 한다. 처음부터 이스라엘은 죄를 지었고, 그들의 중재자들과 지도자들 범죄했다[사 43:27]. 그 결과 이 민족은 위기에 직면했다.

이스라엘이 범죄함으로 포로로 잡혀갔기 때문에, 그들은 해방되고 구출되어야 했으며, 구속되고 구원받아야 했다. 그들의 자유는 오직 죄를 용서받음으로써 가능했다. 따라서 이사야 40장은 형벌의 날이 끝나고 자비와 용서의 시대가 도래했음을 알리는 위로의 약속으로 시작된다[사 40:1-2]. 이스라엘은 하나님의 자비로 고향으로 돌아올 것이며, 여호와는 그들의 죄를 지우시고[ἐξαλείφων, 엑살레이폰] 더 이상 기억하지 않으실 것이다[사 43:25, LXX]. 죄를 지운다는 의미의 유의어[ἀπήλειψα, 아펠레잎사]가 이사야 44:22 LXX에서도 사용되며[두 경우 모두 히브리어 동사는 동일함], 여기서는 구름이 해를 가리는 것처럼 이스라엘의 죄가 하나님의 시야에서 사라진다. 바울이 골로새서 2장 14절에서 우리의 죄를 십자가에 못 박으심으로 지우신다[ἐξαλείφω, 엑살레이포]고 말할 때, 이 단어는 아마도 이사야서에서 가져왔을 것이다. 이사야서에서 이스라엘의 용서는 이스라엘이 구속[λυτρώσομαί, 뤼트로소마이. 사 44:22 LXX]되는 것, 즉 바벨론의 노예 생활에서 해방될 것을 의미한다. 궁극적으로 이스라엘의 용서는 "많은 사람의 죄를 담당한" 주의 종을 통해 확보된다사 53:12; 참조. 사 53:11. 그가 이스라엘의 "허물" 때문에 "찔림"을 당했고사 53:5, 여호와께서는 우리 모두의 죄악을 그에게 담당시키셨다사 53:6.

이사야 40-66장은 이스라엘 백성이 그들의 죄 때문에 포로로 잡혀 갔음을 보여준다. 그러나 주님은 그들의 죄가 용서될 때, 그들이 구속되고 해방될 것을 약속하신다. 궁극적으로 이 용서는 주의 종에 의해 성취될 것이다. 우리가 이미 죄 사함과 구속의 측면에서 살펴본 것처럼, 이스라엘의 구원은 하나님의 의로 정의된다. 물론, 의는 하나님의 심판을 의미할 수도 있지만, 이사야는 이 용어를 하나님의 구원하시는 의로 자주 사용한다. 이사야 45장 8절에서 이 점이 분명하게 나타난다.

> 하늘이여 위로부터
>   공의를 뿌리며 구름이여 의를 부을지어다
> 땅이여 열려서 구원을 싹트게 하고
>   공의도 함께 움돋게 할지어다
>   나 여호와가 이 일을 창조하였느니라

이 구절에서 하나님의 의는 분명히 이스라엘이 바벨론의 속박에서 돌아올 때 드러날 구원하는 의를 의미한다. 이사야 46장 13절에서 하나님의 "의"가 임할 때 "구원"이 함께 임한다는 선언을 볼 수 있다. 이사야 51장 5-8절에서도 같은 주제가 반복된다. 하나님의 "의"는 그분의 백성을 위한 "구원," 즉 여호와께서 그들의 죄를 용서하셨기 때문에 그들이 누릴 구원을 의미한다참조. 사 56:1; 61:10-11; 62:1-2; 63:1.

이사야의 메시지를 종합적으로 고찰하면서 이사야 59장을 고려하는 것은 의미가 있다. 이 장은 이스라엘의 곤경이 주님의 연약함 때문이 아니라 이스라엘의 죄 때문임을 확인하는 것으로 시작한다. 이스라엘은 그들의 죄악으로 하나님과 분리되어 그분의 얼굴을 보지 못하고 그분의 은혜를 경험하지 못한다사 59:1-2. 이스라엘의 죄악은 살인, 기만, 거짓말, 부정한 소송, 폭력, 거짓된 거룩함의 주장으로 묘사된다. 그들은 언약 조항을 반복적으로 위반하여 언약적 저주에 직면해 있다참조. 레 26장; 신 27-28장. 그들은 하나님을 경외하지 않기 때문에 평화를 알지 못하며, 그들이 가는 곳마다 혼란과 고통을 초래한다. 바울은 로마서 3장 15-18절에서 이사야 59장을 인용하여 인간의 근본적인 문제인 죄의 보편성을 묘사한다. 이스라엘이 바랐던 정의와 공의는 그들의 죄로 사라지고, 그들은 생명의 빛을 누리는 대신 어둠과 암흑 속으로 빠져든다. 이스라엘은 어둠 속에서 더듬는 장님과 같으며, 구원과 정의는 그들의 죄악, 범죄, 배도 때문에 그들의 몫이 아니다.

상황은 매우 암울해 보이지만, 본문은 전환점을 맞이한다. 여호와께서는 인간에게서 구원이 오지 않을 것을 보셨고, "자기 팔로 스스로 구원을 베푸시며 자기의 공의를 스스로 의지하사 공의를 갑옷으로 삼으시며 구원을 자기의 머리에 써서 투구로 삼으신다"^{사 59:16-17}.

이어서 하나님의 의는 악을 탐닉하는 자들에 대한 그분의 진노와 심판을 포함하지만, 여호와를 경외하게 하고 성령을 통해 마음을 돌이키게 하신다. 이스라엘에게 다시 구원이 임할 것이라는 약속도 있다. 이스라엘은 하나님의 심판의 의를 받아 마땅하지만, 그것이 유일한 말씀은 아니며 마지막 말씀도 아니다. 하나님의 구원하는 의가 새롭게 밝아오고, 생명과 빛의 약속이 실현되며, 이스라엘의 죄가 용서받을 날이 다가오고 있다. 그들은 포로 생활에서 돌아올 것이다. 신약성경과 이사야 53장에서는, 이스라엘이 용서받는 이유가 그들 자신의 덕이 아닌, 주의 종의 희생 때문임을 보여준다. 그가 이스라엘이 받아야 할 형벌을 스스로 짊어졌기 때문이다. 따라서 이사야의 메시지는 칭의, 즉 자격 없는 자에게 베푸시는 하나님의 구원하는 의, 곧 주의 종의 속죄의 죽음을 통해 주어지는 구원하는 의에 관한 이야기이다. 이는 이사야가 경건하지 않은 자들이 하나님의 은혜로 의롭다 함을 받는다고 말하는 방식이다^{롬 4:5}.

욥기의 의

욥기는 경건하지 않은 자들의 칭의를 명시적으로 가르치지는 않지만, 욥이 의에 대해 자주 이야기하기 때문에 이 책을 간략히 살펴볼 가치가 있다. 욥은 고통과 고난 가운데 하나님 앞에서 공정한 재판을 요청하며, 공정한 재판이 이루어진다면 자신이 신원될 것이라고 확신한다. 욥은 자신의 형벌이 죄 때문이 아니라고 확신하지만, 하나님이 너무 강력하고 전능하셔서 아무도 그분을 법정에 나오게 할 수 없기 때문에 자신이 하나님 앞에서 재판을 받을 수 없다고 불평한다욥 9:14-22. 욥에 따르면, 하나님은 욥이 옳은 자리에 있음에도 부당하게 자신을 정죄하신다고 주장한다. 욥은 하나님 앞에서 자신의 사건을 변론하고자 하는 소망을 지속적으로 표현하며욥 13:3, 친구들이 하나님을 변호하기 위해 터무니없는 논리를 사용한다고 비난한다욥 13:4-12. 하나님이 옳다면, 하나님을 지지하는 친구들의 끔찍한 논증이 필요하지 않다! 욥은 재판이 열리면 자신이 무죄 판결을 받을 것이라고 확신하지만, 하나님의 권능이 자기를 두렵게 하고 변론을 제대로 할 수 없게 만들 것이라고 느낀다욥 13:18-24. 하나님의 위엄, 위대함, 권능은 공정한 재판을 거의 불가능하게 만든다. 하나님의 임재는 욥이 하고 싶은 말을 할 수 없도록 욥을 압도하기 때문이다. 다른 곳에서 욥은 하나님 앞에서 자신의 법적 소송을 변론하고 싶다고 말하며, 그렇게 할 수 있다면 하나님이 자신을 무죄로 선고해 주실 것이라고 확신한다욥 23:2-7. 욥의 말들은 완전히 일관되지 않지만, 고통, 공포, 고뇌에서 나온 것임을 이해할 수 있다. 욥의 친구들은 그를 좌절시키고 배신한다. 욥은 친구들의 주장에도 자신이 옳다고 확신하고, 하나님이 자신을 부당하게 대하셨다고 결론 내린다욥 27:2-6. 욥기 31장의 마지막 연설은 자신의 행위가 왜 고난을 정당화하지 않는지를 세상과 하나님 앞에서 제시하며, 자신을 변호를 극적인 거장의 연기로 담아낸다.

욥기의 여러 본문은 욥의 의로움이 하나님 앞에서 어떻게 문제가 되는지를 보여준다. 욥은 자신의 마음속에서 이렇게 질문한다.

> 진실로 내가 이 일이 그런 줄을 알거니와
> 인생이 어찌 하나님 앞에 의로우랴
>
> 욥 9:2

소발은 욥이 유죄라고 확신하며 말한다.

> 말이 많으니 어찌 대답이 없으랴
> 말이 많은 사람이 어찌 의롭다 함을 얻겠느냐
>
> 욥 11:2

반면 욥은 친구들의 주장에 반박하며 말한다.

> 보라 내가 내 사정을 진술하였거니와
> 내가 정의롭다 함을 얻을 줄 아노라
>
> 욥 13:18

욥은 비난의 화살을 맞으면서도 끝까지 주장을 굽히지 않는다.

> 내가 내 공의를 굳게 잡고 놓지 아니하리니
> 내 마음이 나의 생애를 비웃지 아니하리라
>
> 욥 27:6

모든 말이 끝나자 엘리후는 욥을 책망한다. 이에, "내가 의로우나 하나님이 내 의를 부인하셨다"욥 34:5라고 욥이 말한다. 여호와께서는 엘리후의 주장에 동의한다.

> 네가 내 공의를 부인하려느냐 네 의를 세우려고 나를 악하다 하겠느냐
>
> 욥 40:8

욥은 자신의 고난이 죄 때문이 아니라고 주장하는 점에서는 옳았지만, 하나님을 불의하다고 말한 것은 지나친 주장이었다.

욥기를 다 해석하려는 것은 아니다. 그러나 이 이야기의 요점은 욥기의 중심 관심사가 칭의라는 것이다. 욥은 바울처럼 경건하지 않은 자들의 칭의를 말하지 않는다. 하지만 욥과 그의 친구들은 욥이 하나님의 법정에서 재판을 받는다면 그의 의로움을 입증할 수 있을지 논쟁을 벌인다. 욥의 절망과 자신의 의에 대한 주장은 그가 '자신은 옳고 하나님은 틀렸다'라고 말하는 극단적인 상태까지 이른다! 욥은 너무 멀리 나아갔다. 그러나 그의 주장은 욥기가 단순히 고난에 관한 것이 아니라,

고난받는 자의 의에 관한 것이며, 욥기 전체가 욥이 개인적인 죄 때문에 고난을 받은 것이 아니라는 사실을 우리에게 가르쳐 준다.

결론

이 장에서 우리는 하나님의 구원하는 의가 구약 성경에서 사소한 주제가 아님을 보았다. 두 개의 핵심 본문^{창 15:6, 합 2:4}은 하나님 앞에서 의롭게 서는 자들이 믿음으로 의롭게 된다는 것을 확인해준다. 구약 성경에서 하나님의 의는 문맥에 따라 다양한 의미를 갖는다. 어떤 본문에서는 하나님의 의가 심판의 의로 나타나며, 하나님은 죄 가운데 있는 자들을 공의롭게 벌하신다. 그러나 우리는 또한 "의"가 단수형과 복수형 모두에서 하나님의 구원하는 의를 나타내며, 이것은 하나님이 자기 백성을 적들과 죄에서 구원하시는 의를 의미한다는 것을 보았다.

특히 이사야 40-66장은 매우 흥미롭다. 이스라엘 백성은 그들의 죄 때문에 바벨론으로 포로가 되었지만, 여호와는 그들의 죄를 용서하시겠다고 약속하셨다. 궁극적으로 이 용서는 자기 백성의 죄를 짊어질 주의 종의 고난을 통해 이루어질 것이다. 포로에서 돌아오고 이스라엘에게 약속된 죄의 용서는 주님의 의, 그분의 구원하는 의, 그분의 백성에 대한 자비로운 구원으로 묘사된다.

마지막으로, 욥기에서 핵심적인 질문은 욥이 재판관이신 하나님 앞에서 의롭다고 여겨질 것인가 하는 것이다. 한 마디로 욥기 전체는 욥의 의에 관한 이야기이다. 신약 성경과 바울이 칭의와 의를 강조하는 것은 바울의 독창적인 발명품이 아니라, 구약 성경의 중심 관심사이다. 이것은 당연한 일이다. 재판관이신 하나님 앞에서 의롭게 설 수 있는지 여부는 우리 삶에서 가장 중요한 질문 중 하나이기 때문이다.

3
예수와 칭의

이 책에서 다루고 있는 중요한 주제 중 하나는, 오직 믿음과 은혜로 말미암는 칭의가 바울에게만 국한된 것이 아니며, 바울에게서 시작된 것도 아니라는 것이다. 지난 장에서 우리는 이신칭의가 구약 성경에 깊이 뿌리내리고 있음을 살펴보았다. 이번 장에서는 예수님의 가르침에서 칭의를 탐구하고자 한다. 여기서 칭의를 말할 때, 단순히 "칭의"라는 단어를 넘어서, 그 개념 자체를 의미한다. 칭의를 언어적 표현이 아니라 개념적으로 접근할 때, 우리는 바울 이전에 이미 예수님이 독창적인 표현과 방식으로 칭의를 가르치셨음을 알 수 있다. 과거 학문적 논의에서도 단어 연구에 대한 환원주의적 접근을 비판하는 인식이 오래전부터 있었으므로, 칭의라는 단어 자체가 없더라도 칭의의 개념이 담긴 본문과 이야기를 살펴볼 필요가 있다. 다시 말해, 바울은 칭의에 대한 가르침을 예수님에게서 직접 배웠다. 이 장에서는 예수님의 가르침을 간략히 소개할 것이며, 독자들은 이 논의가 표면을 스치듯 간략한 개관임을 염두에 두어야 한다. 분명히 더 많이 논의할 수 있다.

세리와 죄인을 환대하심

먼저 예수님께서 세리와 죄인들과 함께 식탁 교제를 나누신 장면을 살펴보자마 9:10-13; 11:19; 21:31-32; 막 2:15-17; 눅 5:30-32; 7:29, 34; 15:2; 19:1-10. 세리들은 두 가지 이유로 멸시받았다. 첫째, 그들은 이스라엘을 지배하는 이방 세력, 증오의 대상인 로마와 협력하였기 때문에 민족의 배신자로 여겨졌다. 둘째, 세리들은 종종 자신을 부유하게 하기 위해 과도한 세금을 징수하여 돈을 빼돌렸다. 당시 많은 사람은 의롭게 살기 위해서는 죄인들과 접촉하지 않고 거리를 두어 자신의 정결함을 지켜야 한다고 믿었다.

예수님은 세리와 죄인들이 하나님의 길에서 벗어났다는 사실을 부인하지 않으셨으며, 그들이 회개하지 않더라도 예수님과 교제할 수 있는 것처럼 가르치지도 않으셨다. 그러나 예수님은 그들을 피하지 않으셨고, 그들과 함께 식사를 나누셨다. 이는 오늘날에도 사랑, 우정, 즐거움, 기쁨을 나누는 친밀한 교제를 의미한다. 예수님은 하나님에게서 멀어진 이들에게 다가가 그들이 돌아오도록 초대하셨고, 용서와 새로운 출발을 제안하셨다. 사회적 엘리트들과 심지어 평범한 사람들조차

이런 계층의 사람들에게 등을 돌렸지만, 예수님은 그들을 제자로 부르시며 회개로 초대하셨다. 예수님은 병든 자를 치유하시는 위대한 의사로 오셨으며^{마 9:12}, 특히 예수님을 만나기 전 세리로 생계를 유지했던 마태^{마 9:9}와 같은 죄인들을 회개와 믿음으로 부르기 위해 오셨다^{마 9:13}. 예수님은 반역하고 길을 떠난 자들을 버리지 않으시고, 그들을 회개로 부르신다. 세리와 죄인들과 함께 식사하신 예수님의 행동은 인간의 행위가 아닌 믿음으로 의롭다 함을 받는다는 진리를 선포한다. 그들은 자신의 선함 때문이 아닌, 예수님의 사역에 부어진 하나님의 은혜로 하나님과 올바른 관계에 있다.

세리장 삭개오 이야기^{눅 19:1-10}는 이 진리를 잘 설명해준다. 많은 이스라엘 사람들은 예수님이 악명 높은 죄인이자 배신자인 삭개오의 집에 들어가기로 동의한 것에 대해 혐오감을 느꼈다. 이 이야기의 핵심은 누가복음 19장 10절에 명확하게 나타난다. "인자가 온 것은 잃어버린 자를 찾아 구원하려 함이니라." 삭개오는 잃어버린 자였으나, 그에게는 소망과 용서, 새로운 시작이 있었다. 불의한 자가 그리스도의 자비로 의롭게 되었다. 예수님이 세리와 죄인들과 식사를 나누며 그들을 환대하는 이야기가 보존된 것은 회개하고 믿는 모든 사람에게 베풀어지는 하나님의 사랑과 용서가 예수님의 사역의 특징이었기 때문이라는 것을 기억해야 한다.

탕자의 비유

탕자 이야기(사실상 잃어버린 두 아들 이야기)는 하나님의 용서가 값없이 일하지 않고 주어지는 것이라는 진리와 일치한다[눅 15:11-32]. 이 비유는 종교 지도자들이 예수님이 죄인들과 식사를 하며 그들을 환대한다고 비난하자 말씀하신 것이다[눅 15:1-2]. 이 비유에서 탕자는 세리와 죄인들을 대표하며, 큰아들은 바리새인과 종교 지도자들을 상징한다. 탕자 이야기는 잘 알려져 있다. 탕자는 아버지의 유산에서 자기 몫을 요구하고, 멀리 떠나 자신의 쾌락에 빠져 삶을 망친 후 부정한 동물인 돼지를 치는 일꾼이 된다. 그는 돼지가 먹는 음식으로 배를 채우고 싶어 할 정도로 비참한 상태였지만, 잘못을 깨닫고 아버지의 종으로 살겠다는 의지를 가지고 아버지에게 돌아간다면 소망이 있다는 것을 깨닫고 정신을 차린다. 아버지는 자비와 긍휼로 가득 차서, 아들을 만나기 위해 달려온다. 당시 나이 든 사람이 달리는 것은 품위 있는 행동이 아님에도 말이다. 아들은 자신의 죄를 고백하며 더 이상 가족의 일원이 될 자격이 없음을 인정한다. 예수님이 세리와 죄인들을 회개 없이 자신과 교제하고 올바른 관계를 맺는 것으로 환대하지 않으셨다는 사실은 분명하다. 회개는 하나님 그분에게 향하고 죄에서 돌이키는 관계적 행위로 이해되어야 한다. 탕자가 돌아와 회개한 후, 아버지는 더 이상 그의 죄에 대해 언급하지 않는다. 대신 겉옷과 반지, 신발을 입히며, 살진 송아지를 잡아 음악과 춤과 함께 잔치를 벌인다.

이 비유는 은혜에 의한 칭의의 아름다운 그림을 제시한다. 탕자는 경건한 아들로 아버지에게 인정받지 못했고, 그는 비참하게 실패하여 회복할 수 없을 것 같았다. 그러나 예수님은 하나님의 자비와 은혜를 드러내시며, 심각한 죄를 범한 자들과 하나님을 떠나 방황하는 모든 이들에게 돌아올 길이 있음을 보여주신다. 자신의 필요와 무가치함을 인정하고, 도움을 구하는 빈손을 내미는 자들은 용서받는다. 그들은 징계 대신 기쁨과 잔치, 그리고 축하로 환대받는다.

바리새인과 세리의 비유

죄인의 칭의를 보여주는 또 다른 유명한 비유는 바리새인과 세리의 비유이다눅 18:9-14. 누가는 이 비유가 무엇을 의미하는지 비유가 시작되기 전에 독자에게 분명히 알려준다. 독자로서 우리는 이러한 명확한 해석학적 도움을 환영할 만하다. 예수님은 "자기를 의롭다고 믿고 다른 사람을 멸시하는 자들에게 이 비유를 말씀하셨다"눅 18:9. 종종 비유를 이해하는 데 해석학적 도움이 거의 주어지지 않는 경우가 있지만, 이 경우 누가는 비유가 시작되기 전에 무엇을 말하는지 알려준다! 따라서 독자들은 누가의 설명에 주의를 기울여야 한다. 이 비유는 모든 사람을 대상으로 하는 것이 아니며, 자신의 죄와 실패에 깊이 자각하고 있는 사람들을 대상으로 한 것도 아니다. 이 비유는 자만하며 자신이 의롭다고 생각하고 다른 사람들보다 자신이 더 낫다고 확신하는 자들을 향한 것이다.

바리새인과 세리 모두 성전에 기도하기 위해 나아간다눅 18:10. 주님께서 특별히 성전에 임재하시므로 자연스러운 일이다. 솔로몬은 성전이 세워질 때 기도문에서 성전을 향해 기도하고 용서를 구하는 사람은 깨끗함을 받을 것이라고 강조했다^{참조. 왕상 8장}. 두 사람의 기도 자세에도 주목할 필요가 있다. 헬라어 원문은 여러 가지로 해석이 가능하지만, 바리새인은 혼자 서 있었고, 세리는 멀리 떨어져 서 있었던 것으로 읽는 것이 가장 가능성 있는 해석이다^{눅 18:11, 13}. 누가복음 18장 9절의 해석적 주석은 무슨 일이 벌어지고 있는지 이해하는 데 도움이 된다. 바리새인은 자신이 다른 사람들보다 낫다고 생각했기 때문에 혼자 서 있다. 그는 부정한 자들과 죄인들로 더럽혀지지 않기를 원했다. 그는 악한 사람들, 특히 세리에게서 안전한 거리를 유지하고 싶었다. 반면에 세리는 탕자와 마찬가지로 자신이 죄의 깊이를 알고 자신이 합당하지 않다고 느끼기 때문에 멀리 떨어져 서 있다.

바리새인은 자신을 평가하며 하나님께 감사하며, 자신이 착취와 불의, 간음을 피했기 때문에 다른 사람들보다 낫다고 결론을 내린다. 그는 자신이 다른 사람, 특히 그 자리에 있는 세리와 같지 않다는 사실에 감사한다. 바리새인은 죄를 피한 것만이 아니라 더 많은 의를 실천했으며, 일주일에 두 번 금식하고 요구된 것 이상으로 십일조를 바쳤다. 누가는 이미 이 비유가 스스로 의롭다고 생각하고 다른 사람을 멸시하는 자들을 대상으로 한 것임을 분명히 설명해 준다. 바리새인의 기도는 그의 교만, 오만, 엘리트주의를 드러내며, 그가 평범한 사람들보다 훨씬 우월하다는 확신을 표현한다.

누가가 이 비유를 소개할 때 저자의 해설을 덧붙인 것처럼, 예수님도 이 비유를 간결하고 기억에 남는 말씀으로 마무리하신다눅 18:14. "내가 너희에게 이르노니 이에 저 바리새인이 아니고 이 사람이 의롭다 하심을 받고 그의 집으로 내려갔느니라 무릇 자기를 높이는 자는 낮아지고 자기를 낮추는 자는 높아지리라 하시니라." 이 비유의 가르침은 바리새인이 자신을 높이고, 동료들보다 우월하게 여기며, 자신의 덕을 자랑했다는 점이다. 그러나 자신을 높이는 자들은 낮아질 것이다. 비유의 두 구조적 프레임18:9과 18:14은 이 비유의 의미를 해석하는 데 결정적인 역할을 한다.

어떤 사람들은 바리새인이 하나님께 감사했기 때문에 죄에 대한 그의 승리와 삶에 나타난 덕을 하나님의 은혜로 돌렸다고 주장한다. 매우 흥미로운 해석이지만, 확실히 잘못된 해석이다. 바리새인의 감사는 그의 내면을 반영하지 않으며, 그의 삶의 변화에 대해 진정으로 하나님을 찬양하고 영광을 돌리는 모습으로 받아들여서는 안 된다. 누가는 처음부터 그가 하나님이 아니라 자신을 신뢰했다고 명시한다눅 18:9. 그의 신뢰와 의존은 주님께 있지 않았으며 자신의 덕에 있었다. 누가복음 18장 14절에서 예수님의 말씀도 같은 점을 확인시켜 준다. 바리새인은 하나님의 선하심에 진정으로 감사하지 않고, 자신을 높이고 있었다. 즉, 그는 올바른 단어를 알고 기도했으나, 실제로는 하나님께 감사하지 않았다. 오히려 그는 자신을 찬양하고 높이고 자신을 신뢰하고 있었다! 하나님께 드린 감사는 그의 삶의 변화에 대해 진정으로 주님께 감사하는 것처럼 이해되어서는 안 된다. 주님께 진정으로 감사하는 자는 다른 사람과 자신을 비교하며 자랑하지 않으며, 자신에게 신뢰를 두지 않는다. 바리새인은 사도 바울이 로마서 1장 25절에서 말한 것과 딱 들어맞는 인물이다. "피조물을 조물주보다 더 경배하고 섬김이라"롬 1:25.

세리는 바리새인과 극명하게 대조된다. 우리는 이미 그가 겸손하기 때문에 멀리 서 있다는 사실을 보았고, 그의 겸손은 눈도 들지 못하는 것으로 더욱 증명된다눅 18:13. 그 눈을 들지 못하는 모습은 시편 131편 1절을 떠올리게 한다.

> 여호와여 내 마음이 교만하지 아니하고 내 눈이 오만하지 아니
> 하오며

이와 대조적으로 교만한 자의 "눈은 심히 높으며," "눈꺼풀이 높이 들린 무리가 있다"잠 30:13. 또한 세리는 가슴을 치며 깊은 슬픔과 고뇌를 육체적으로 표현한다참조. 사 32:12; 나 2:7; 눅 23:48. 그는 하나님 앞에서 자신의 덕을 자랑하거나, 자신이 탐닉하지 않은 악덕에 대해 스스로를 칭찬하지 않는다. 대신 "하나님이여 불쌍히 여기소서 나는 죄인이로소이다" 눅 18:13라고 겸손히 간구할 뿐이다. 누가복음 18장 14절의 해설은 그가 자신을 낮추었기 때문에 높임을 받을 것을 나타낸다. 그는 자신의 의를 의지하지 않고눅 18:9, 자신의 죄를 용서받기 위해 자신에게서 얼굴을 돌려 하나님을 바라보았다.

놀랍게도 예수님은 바리새인보다 자신의 의를 의지하지 않고 스스로를 낮춘 세리가 의롭다 하심을 받았다^{헬라어로 δεδικαιωμένος, 데디카이오메노스}고 선언하신다. 여기서 우리는 예수님의 말씀에서 "바울적"인 칭의의 가르침을 분명히 볼 수 있다. 바울이 등장하기 전에 예수님은 이미 경건하지 않은 자들의 칭의를 가르치셨다. 이 비유는 제2성전기 유대교에서 실제로 행위-의나 율법주의가 문제였음을 보여준다. 바리새인은 자신의 행위가 하나님의 은혜를 받을 자격을 부여한다고 믿었고, 이 비유는 그런 결론을 피하기는 어렵다. 바리새인은 자신의 행위가 자신을 의롭게 하거나 신원해줄 것이라고 생각했다. 반면 세리의 신원은 경건하지 않은 자의 칭의를 보여준다^{롬 4:5}. 일부 학자들은 유대교에서 실질적으로 아무도 행위-의를 믿지 않았다고 주장하지만, 그렇다면 예수님이 왜 이 비유를 말씀하셨는지 이해하기 어렵다. 예수님은 결코 일상과 관련 없는 이야기를 하신 적이 없기 때문이다. 사실, 우리는 스스로의 행위에 의한 칭의가 우리 삶에서 얼마나 강력한 동기로 작용하는지를 자주 경험한다. 우리는 하나님과 세상 앞에서 우리가 한 일에 대해 칭찬받아야 한다고 말하고 싶어 한다. 스스로를 낮추어 자비를 구하기보다는 바리새인처럼 자신을 높이고 존경받기를 원한다.

의와 용서의 선물

바리새인과 세리의 비유는 "의롭다 하다"라는 동사를 사용하지만, "칭의"라는 단어가 없어도 예수님께서는 우리의 의가 본질적으로 우리 안에 있는 것이 아니라 믿음을 통해 주어지는 선물이라는 진리를 살아내시고 가르치셨다는 것을 알 수 있다. 예수님은 "심령이 가난한 자는 복이 있나니 천국이 그들의 것임이요"라고 선언하시며 산상수훈을 시작하신다[마 5:3]. 천국은 영적으로 가난한 사람들, 즉 자신의 완전한 공허함과 도덕적인 무력감을 깨닫는 사람들의 것이다. 물론 모든 사람이 이런 상태에 처해 있지만, 예수님은 자신의 연약함과 나약함, 헐벗음, 가난을 인식하는 사람들, 즉 영적 부요함은 오직 하나님에게서 온다는 것을 깨닫는 사람들에 대해 말씀하신다. 따라서 의는 우리 안에 있지 않기 때문에 우리는 "의에 주리고 목마르다"[마 5:6]. 이러한 의는 우리에게 주어져야 하며, 우리 주 예수 그리스도의 아버지 하나님께서 우리에게 은혜롭게 부여해 주셔야 한다.

칭의와 죄 사함은 밀접하게 연결되어 있다. 마태복음은 예수님이 "자기 백성을 그들의 죄에서 구원하시기 위해" 오셨음을 처음부터 분명히 한다[마 1:21]. 용서는 예수님의 피를 흘리심으로써 확보된다[마 26:28]. 이는 그가 "많은 사람의 대속물로" 죽으셨기 때문이다[마 20:28]. 중풍병자 이야기에서 네 명의 친구들이 중풍병자를 지붕을 통해 예수님의 발 앞에 내려놓으며 그가 치유되는 것을 보겠다는 결의를 보여준다[마 2:1-12]. 예수님께서 그 사람의 죄가 용서되었음을 선언하셨을 때, 모두가 놀랐다. 이 이야기는 예수님께서 인자로서 죄를 용서하는 선언을 할 권세를 가지고 있음을 강조하지만, 우리는 이 선언이 무엇을 의미하는지 간략하게 생각해 볼 필요가 있다. 분명 그 사람은 용서가 필요했고, 그렇지 않다면 예수님의 말씀에 의미가 없었을 것이다. 또한 그 사람과 그의 친구들은 예수님이 치유할 수 있다는 믿음을 가지고 예수님을 찾았다는 점도 분명하다^{막 2:5}. 이 이야기를 가장 자연스럽게 이해하는 방식은, 죄의 무거운 짐을 지고 있는 사람에게 주어진 용서가 무료이며 과분한 선물이라는 것이다. 예수님이 중풍병자를 치유하신 것은 시편 103편 3절의 말씀이 이 이야기에서 울려 퍼지는 것이다. 하나님은 "네 모든 죄악을 사하시며 네 모든 병을 고치신다." 다음 구절^{시편 103:4}은 주님의 신실한 사랑과 자비를 찬양하며, 죄의 용서가 모두 은혜임을 암시한다.

죄 많은 여인

아마도 죄 사함에 관한 가장 놀라운 이야기는 누가복음 7장 36-50절에 나오는 예수님과 죄 많은 여인의 만남일 것이다. 바리새인 시몬이 예수님을 식사에 초대했을 때, 성적인 죄로 소문이 자자한 한 여인이 그 자리에 나타난다. 공식적인 식사였기 때문에 사람들이 식탁에 머리를 기대고 발은 뒤로 뻗은 채로 식사했을 가능성이 높다. 이 배경은 이후 일어난 사건을 이해하는 데 도움이 된다. 그 여인은 울며 예수님께 나아갔다. 여인의 눈물이 예수님의 발에 떨어지자 그녀는 머리카락으로 그 발을 닦기 시작했다. 그런 다음 그녀는 예수님의 발에 입을 맞추고 향유를 발랐다. 시몬은 예수님이 선지자라면 이 죄 많은 여인이 자신을 만지는 것을 허락하지 않았을 것이라고 생각하고 분개했다. 예수님은 시몬의 마음을 읽으시고 자신이 선지자임을 드러내셨다. 예수님은 시몬에게 전형적인 랍비식 질문을 던지신다. 작은 빚을 탕감받은 사람과 엄청난 빚을 탕감받은 사람 중 누가 돈을 빌려준 사람을 더 사랑하겠는가? 대답은 분명하다. 큰 빚을 탕감받은 사람이 더 많이 사랑할 것이다. 예수님은 이 비유를 죄 많은 여인에게 적용하시며 시몬을 놀라게 하셨다. 여인은 시몬이 예수님이 오셨을 때 하지 않았던 인사를 예수님께 함으로써 사랑을 표현했다. 시몬은 예수님을 위해 발 씻을 물조차 준비하지 않았지만, 그녀는 자신의 눈물과 머리카락으로 예수님의 발을 씻었다. 시몬은 예수님께 입맞춤으로 인사하지 않았지만 그녀는 예수님의 발에 입을 맞추었다. 시몬은 예수님의 머리에 기름을 붓지 않았지만, 그녀는 예수님의 발에 향유를 부었다. 예수님은 그녀의 사랑을 근거로 그녀의 죄가 사함을 받았다고 선언하시며, "많이 용서받은 자는 많이 사랑한다"라고 선언하셨다.

어떤 사람들은 예수님께서 그 여인이 사랑에 근거를 두고 용서받았음을 말씀하셨다고 해석하지만, 이는 내러티브와 동떨어진 해석이므로 거부해야 한다. 예수님이 시몬에게 하신 비유의 요점은 용서를 많이 받은 사람이 사랑으로 응답한다는 것이다. 사랑이 용서를 얻는 공로가 되는 것이 아니라, 용서가 먼저 이루어지고 그 결과로 사랑과 감사를 낳는다는 것이다. 따라서 예수님은 여인에게 "네 죄 사함을 받았느니라"눅 7:48라고 선언하신다. 여기서 우리는 경건하지 않은 자의 칭의에 대한 또 다른 그림을 볼 수 있다. 수치심과 죄책감에 시달리던 죄 많은 여인에게 과거의 삶은 더 이상 고려되지 않으며, 그녀의 빚이 더 이상 그녀에게 불리하지 않으며, 새로운 삶이 시작되었다는 사실을 듣는다. 이 이야기는 예수님이 여인에게 하신 또 다른 선언으로 끝난다.

"네 믿음이 너를 구원하였으니 평안히 가라"눅 7:50. 이것은 매우 바울적인 표현이다. 또는 바울이 예수님 가르침에 큰 영향을 받았다고 말해야 할 것이다! 여인은 자신의 행위로 용서받은 것이 아니라, 하나님의 약속의 말씀을 믿고 신뢰하고 의지함으로써 용서를 받았다. 그녀는 용서받았기 때문에 평안히 떠날 수 있었으며, 이것은 로마서 5장 1절의 말씀, "그러므로 우리가 믿음으로 의롭다 하심을 받았으니 우리 주 예수 그리스도로 말미암아 하나님과 화평을 누리자"라는 구절을 떠오르게 한다. 직접적으로 증명할 수 없지만, 바울이 이 개념을 이 이야기에서 얻었을 가능성도 있다. 누가와 바울이 함께 여행하면서 예수님의 말씀과 사역에 대해 이야기하지 않았을 리는 없기 때문이다. 하나님의 값없는 용서를 믿고 그것을 받은 자는 하나님과 평화를 누리며 믿음의 확신을 얻는다.

"네 믿음이 너를 구원하였으니"라는 표현은 에베소서 2장 8절의 말씀을 상기시킨다. "너희는 그 은혜에 의하여 믿음으로 말미암아 구원을 받았으니 이것은 너희에게서 난 것이 아니요 하나님의 선물이라." 그러므로 나는 예수님께서 바울에게 영향을 주셨으며, 바울의 '믿음이 우리를 구원한다'라는 가르침이 예수님께 거슬러 올라간다고 제안하고자 한다. 실제로 "네 믿음이 너를 구원하였으니"헬라어. ἡ πίστις σου σέσωκέν σε, 헤 피스티스 수 세소켄 세라는 표현은 누가복음에 세 번 더 등장한다눅 8:48; 17:19; 18:42. 대부분 번역에서는 이 표현을 "네 믿음이 너를 낫게 하였느니라"라고 번역하는데, 이는 대부분 상황에서 병 고침을 받았기 때문이다.

이 표현을 "네 믿음이 너를 구원하였으니"라고 번역하는 것도 매우 충실하며, 번역이 모든 의미를 충분히 전달하지 못할 수 있음을 보여주는 한 예가 된다. 다시 말해, 우리는 이 모든 경우에서 신체적 치유뿐만 아니라 영적 치유도 함께 볼 수 있다. 이제 "네 믿음이 너를 구원하였으니"라는 표현이 어떤 의미를 내포하고 있는지 깊이 생각해보자.

네 믿음이 너를 구원하였으니

예수님께서 "네 믿음이 너를 구원하였느니라"라고 선언하신 세 가지 본문을 간략히 살펴보자. 첫 번째는, 큰 무리가 예수님께 몰려들었을 때, 12년 동안 혈루증으로 앓고 있던 한 여인이 예수님의 옷자락을 만졌던 이야기다눅 8:43-48. 여인은 즉시 치유되었으나 다른 사람들에게 알리지 않고 조용히 떠나려고 했다. 예수님은 무슨 일이 있었는지 아시고 누군가 자기를 만졌다고 말씀하시지만, 베드로는 많은 무리가 예수님을 에워싸고 있었기 때문에 누가 예수님을 만졌는지 찾을 수 없다고 말했다. 그러나 예수님은 이 특별한 접촉이 치유를 가져왔음을 알고, 그 여인에게 모든 것을 고백하게 하셨다. 그녀가 모든 사실을 밝히자, 예수님은 "네 믿음이 너를 구원하였으니 평안히 가라"라고 선언하셨다눅 8:48. 예수님의 이 말씀은 죄 많은 여인에게 하신 말씀과 정확히 일치한다눅 7:50. 이 말씀은 분명히 여인이 치유되었고, 이제 육체적으로 온전해졌다는 것을 의미한다. 그러나 앞서 살펴본 시편 103편 3절에서처럼, 치유와 죄 사함은 밀접하게 연관되어 있다. 그녀의 믿음이 그녀를 구원했다는 것은 그녀의 영적 상태, 하나님과의 관계, 죄와 그 결과로부터의 구원을 의미할 수 있다.

또한 예수님께 자비를 구하며 나병에서 깨끗함을 받은 열 명의 나병 환자에 대한 이야기도 읽을 수 있다눅 17:11-19. 그들은 예수님의 지시에 따라 제사장에게 가는 도중 치유를 받았다참조. 레 13-14장. 그러나 그들 중 오직 한 사람만이 돌아와 자신을 깨끗하게 해주신 하나님께 감사와 영광을 돌렸다. 이 사람은 사마리아인이었기 때문에 더욱 주목받았다. 나머지 아홉 명은 치유를 당연히 여겼던 듯했고, 깊은 감사를 이 보이지 않았다. 예수님은 사마리아인만이 돌아와 감사했다는 사실을 지적하며, "네 믿음이 너를 구원하였느니라"눅 17:19라고 말씀하셨다. 이 마지막 말씀은 오직 그 사마리아인에게만 주어졌다. 열 명 모두가 치유를 받았고 모두 온전해졌지만, 오직 이 사마리아인만이 "네 믿음이 너를 구원하였느니라"라는 말씀을 들었다. 이는 사마리아인이 다른 아홉 사람보다 더 깊고 더 온전한 방식으로 깨끗해졌음을 암시한다. 모두가 육체적으로 치유되었지만, 사마리아인은 육체적으로도, 영적으로도 모두 깨끗해졌다. 그의 믿음은 그를 육체적 병뿐만 아니라 죄로부터도 구원했다.

마지막으로, 여리고 근처에서 시력을 잃은 한 남자를 고치신 이야기이다눅 18:35-43. 예수님이 지나가실 때, 이 사람은 "다윗의 자손"이라고 부르며, 예수님께 자비를 베풀어 달라고 요청한다눅 18:38-39. 그는 예수님께 시력을 회복시켜 달라고 요청했고, 예수님은 즉시 시력을 기적적으로 회복시켜 주셨다. 그리고 예수님은 "네 믿음이 너를 구원하였느니라"라고 선언하셨다눅 18:42. 분명히 그의 믿음이 그를 육체적으로 온전하게 했지만, 앞서 살펴본 것처럼 이 표현에는 이중적인 의미가 담겨 있을 가능성이 크다. 왜냐하면 이 사람은 단지 예수님께 자비를 구한 것이 아니라, 예수님을 다윗의 자손으로 인식한 것으로 볼 수 있기 때문이다. 이는 누가복음의 맥락에서 예수님을 메시아로 인정했음을 의미한다. 그뿐만 아니라, 그는 단순히 치유받은 것으로 끝나지 않고 치유 후에도 예수님을 따랐다. 예수님을 따르는 것은 제자가 하는 일이므로, 한때 맹인이었던 그는 예수님의 제자로 그려진다. 여기서 멈추지 말아야 한다. 그는 죽음을 향해 예루살렘으로 가시는 예수님을 따랐기 때문이다. 예수님은 제자들이 자기 십자가를 지고 따라야 한다고 말씀하셨다눅 9:23. 우리는 이 사람이 예수님이 십자가로 가실 때 뒤따랐다는 것을 충분히 알 수 있다. 물론 이 사람은 역사적으로 예수님이 십자가를 지실 것이라는 사실을 알지 못했지만, 누가는 그가 예수님을 따라 예루살렘으로 가는 모습에서 신학적 의미를 발견했을 가능성이 크다. 이 사람이 자신의 덕으로 치유되거나 구원받은 것은 아니었다. 예수님은 그가 믿음으로 나아왔을 때 자비를 베푸셨으며, 그것이 역사적 내러티브에 담긴 칭의의 메시지이다. 비록 이 메시지가 신학적으로 모든 요소를 설명하지 않더라도, 그 근본적인 실재는 존재한다.

이 세 본문 모두 믿음이 구원한다는 사실을 강조한다. 나는 다시 한 번 바울이 예수님의 가르침을 바탕으로 믿음, 오직 믿음을 강조했음을 밝힌다. 앞으로 살펴보겠지만, 바울은 구원과 칭의가 믿음에 의한 것임을 반복해서 강조한다. 그러나 예수님은 이미 바울보다 먼저, 사람들이 영적으로나 육체적으로 온전하게 된 후 그들의 믿음과 신뢰, 그리고 하나님에 대한 의존이 그들의 삶을 새롭게 한다는 진리를 분명히 밝히셨다.

요한복음

요한복음에서 요한은 칭의라는 용어를 직접 사용하지 않는다. 관용구나 은유, 이미지를 통해 같은 실재를 드러낸다. 예를 들어, 요한복음에서 '믿다'πιστεύω, 피스튜오는 동사가 98번, '생명'ζωή, 조에은 36번 사용된다. 이는 이것이 요한복음에서 중심 주제임을 나타낸다. 실제로 이 두 단어는 요한복음에서 자주 연결된다예. 요 3:15, 16, 36; 5:24; 6:35, 40, 47; 11:25; 20:31. 특히 요한복음 20장 31절은 요한복음의 목적을 명확히 전달하기 때문에 매우 중요한 구절이다. "오직 이것을 기록함은 너희로 예수께서 하나님의 아들 그리스도이심을 믿게 하려 함이요 또 너희로 믿고 그 이름을 힘입어 생명을 얻게 하려 함이니라." 요한복음 3장 16절은 성경 전체에서 가장 유명한 구절 중 하나로 이 두 가지 주제를 연결한다. "하나님이 세상을 이처럼 사랑하사 독생자를 주셨으니 이는 그를 믿는 자마다 멸망하지 않고 영생을 얻게 하려 하심이라."

바울이 '칭의'에 대해 말하고 요한은 '생명'에 대해 말하지만 둘 다 믿음을 통해 생명을 얻는다는 데 동의한다. 사실 바울은 생명과 칭의 사이의 관계를 때때로 더 밀접하게 연결한다. 예를 들어, 갈라디아서 3장 11절에서 바울은 "하나님 앞에서 아무도 율법으로 말미암아 의롭게 되지 못할 것이 분명하니"라고 선언하면서 하박국 2장 4절을 인용하며 "의인은 믿음으로 살리라 하였음이라"라고 뒷받침한다. 여기서 '의롭다 하다'δικαιοῦται, 디카이우타이와 '살다'ζήσεται, 제세타이는 동의어는 아니지만 구원을 설명하는 두 가지 다른 방식이다. 바울은 로마서 1장 17절에서도 하박국 2장 4절을 인용하며, 로마서의 주제로 자주 묘사되는 구절에서 하나님의 의를 소개한다롬 1:16-17. 이것은 바울과 요한이 모두 믿음을 통해 얻는 생명을 말하기 때문에 둘 사이에 날카로운 대립이 없다는 사실을 보여준다.

　요한과 바울을 생각할 때, 가장 중요한 연결은 칭의와 생명 사이의 차이가 아니라 믿음의 중요성이다. 요한복음 6장 22-59절, 즉 일반적으로 "생명의 떡 강화"라고 불리는 부분은 신뢰 또는 믿음에 대한 강조가 매우 두드러지는 예이다. 예수님은 무리와 논쟁을 벌이셨다. 그들은 예수님이 오천 명을 먹일 수 있다는 사실에 매료되었지만, 동시에 예수님의 정체성에 대해 의문을 품고 있었다. 이에 예수님은 "썩을 양식을 위하여 일하지 말고 영생하도록 있는 양식을 위하여 하라"요 6:27라고 말씀하시며 육체적인 생존에 우선순위를 두는 태도를 비판하셨다. 그러자 무리는 하나님의 일을 행하려면 어떻게 해야 하는지 물었다요 6:28. 예수님은 "하나님께서 보내신 이를 믿는 것이 하나님의 일이니라"요 6:29라고 대답하셨다. 즉, 예수님은 하나님을 위해 일하라고 무리를 부르신 것이 아니라, 하나님의 떡으로서 자신을 믿고, "세상에 생명"요 6:33; 참조. 6:51을 주는 자신의 죽음을 의지하라고 부르셨다. 그의 살을 먹고 그의 피를 마시는 것요 6:51-58은 그의 찢기고 부서진 육체를 믿는 것을 의미한다. 믿는 자들은 영생을 누리며 마지막 날에 심판을 받지 않을 것이다요 5:24; 6:47.

요한이 믿음의 중요성을 강조하는 많은 본문을 살펴볼 수 있지만, 요한복음 6장에서 우리는 예수님이 자신을 위해 일하고자 하는 사람들에게 자신을 믿으라고 부르신 것을 분명히 볼 수 있다. 요한복음은 그 관용구와 화법을 통해 예수님을 하나님의 아들로 믿고 신뢰하는 데서 생명이 나온다는 것을 강조한다. 믿음에는 수동성과 수용성이 있다. 우리는 다른 이로부터 생명을 받기 때문이다. 그러나 이러한 수동성에 대한 언급은 오해를 일으킬 수 있다. 믿음은 살아있고 능동적인 것이기 때문이다. 믿는 것은 일하는 것과 구별되어야 한다. 믿는 자는 그를 영접ἐλαβον, 엘라본하는 자들이다요 1:12; 참조. 17:8. 그들은 예수님이 누구신지 그리고 그분이 하신 일을 환영하고 받아들이며 그를 신뢰하는 자들이다.

결론

복음서를 살펴보면서 비록 "칭의"라는 단어가 자주 사용되지는 않지만 그 실재와 개념이 존재한다는 것을 알 수 있다. 바울은 서신에서 칭의의 의미를 풀어내지만, 복음서에는 세리 마태와 삭개오의 부르심,

탕자의 비유, 바리새인과 세리의 비유, 바리새인 시몬의 식사에 깜짝 등장한 죄 많은 여인의 이야기와 같은 감동적이고 강력한 비유들을 통해 동일한 진리를 전달하고 있다. 예수님은 세리와 죄인들을 환대하시며, 삶을 망친 모든 사람과 하나님께 반역한 모든 사람을 생명과 용서를 위해 자신에게 오라고 초대하신다. 예수님은 믿는 자들은 용서받는다고 선언하셨다. 예수님께 속하기 위해 특정한 도덕적 기준을 충족시킬 필요는 없다. 사람들은 믿음과 회개를 통해 예수님을 신뢰하도록 부름받는다. 예수님은 믿음이 구원하며, 그분에 대한 신뢰가 하나님과의 새로운 관계와 소망을 가져다준다고 선포하셨다.

요한복음 역시 같은 흐름이다. 일하는 사람이 아니라 믿고, 영접하고 신뢰하는 사람이 영생을 누린다. 주께서는 사람들에게 자신을 위해 일하라고 부르신 것이 아니라 그분을 믿고 그분의 선하고 자비로운 사랑을 신뢰하라고 부르신다. 우리는 바울의 가르침이 예수님의 가르침에 의존하고 있다는 것을 인식해야 한다. 바울의 칭의에 대한 가르침은 바울 자신에게서 비롯된 것이 아니다. 바울은 예수님의 신실한 제자였다.

4

경건하지 않은 자의 칭의 : 바울

바울 신학에서 칭의의 중요성이 논쟁의 대상이 되어 왔다는 사실은 놀라울 수 있다. 종교개혁 전통에서는 칭의를 바울 신학의 중심으로 이해해 왔지만, 일부 학자들은 이에 반대하여 칭의가 바울 신학에서 상대적으로 작은 역할을 한다고 주장했다. 20세기 초, 알버트 슈바이처는 칭의가 바울 신학에서 "부수적인 분화구"에 불과하며, 그리스도와의 연합이 중심이라는 유명한 발언을 남겼다.[42] 윌리엄 브레데는 더 나아가, 칭의는 바울이 적들과 논쟁할 때만 언급했기 때문에 바울 신학을

---

42 Albert Schweitzer, *The Mysticism of Paul the Apostle* (New York: H. Holt, 1931), 225.

설명하는 데 포함될 필요조차 없다고 주장했다.[43] 칭의를 바울의 개념에서 중심에 두는 것은 오류일 수 있지만, 그것을 최소화해서는 안 된다. 마이클 앨런은 칭의 교리가 그리스도의 죽음과 부활, 구원, 은혜, 속죄, 하나님의 영광이라는 기독교의 핵심적인 가르침과 불가분하게 연결되어 있음을 지적하며 칭의의 중요성을 강조한다.[44] 또한, 바울이 반대자들과 논쟁하는 편지에서 칭의가 두드러지게 나타난다는 사실이 칭의의 중요성을 축소하는 근거가 될 수 없다. 결국, 우리는 중요하다고 생각하는 것을 놓고 논쟁하는 것이기 때문이다.[45]

칭의가 단지 정치적 논쟁에서만 드러난다고 주장하는 것은 옳지 않다. 고린도전서 1장 30절에서 바울은 그리스도가 우리의 "의로움과 거룩함과 구원함"이라고 선언하며, 이 서신에서 칭의에 대한 논쟁이 있었다는 증거는 찾아볼 수 없다. 이 본문에서 바울은 고린도 교인들이 누리는 구원을 생각할 때, 칭의를 가장 먼저 열거한다. 마찬가지로 고린도 교인들이 죄에 빠져들 때, 바울은 "너희 중에 이와 같은 자들이

---

43 William Wrede, *Paul* (Lexington, KY: American Theological Library Association, 1962), 122-23.

44 R. Michael Allen, *Justification and the Gospel: Understanding the Context and Controversies* (Grand Rapids, MI: Baker Academic, 2013), 3-19.

45 Mark A. Seifrid, *Christ, Our Righteousness: Paul's Theology of Justification*, New Studies in Biblical Theology 9 (Downers Grove, IL: IVP Academic 2000), 77-93. 사이프리드는 바울 신학에서 칭의의 중요성을 올바르게 강조한다.

있더니 주 예수 그리스도의 이름과 우리 하나님의 성령 안에서 씻음과 거룩함과 의롭다 하심을 받았느니라"고전 6:11라고 상기시킨다. 흥미로운 점은 고린도 교인들이 직면한 문제가 그들의 생활 방식, 즉 선하고 옳고 참된 것에서 벗어난 그들의 일탈이라는 점이다. 그럼에도 불구하고, 바울은 칭의를 여전히 신자들이 누리는 큰 혜택 중 하나로 포함시킨다. 칭의의 진리와 실재는 그리스도인들이 하나님을 기쁘시게 하는 방식으로 살도록 동기를 부여해야 한다. 또는 고린도후서 5장 21절을 고려해 볼 수 있다. "하나님이 죄를 알지도 못하신 이를 우리를 대신하여 죄로 삼으신 것은 우리로 하여금 그 안에서 하나님의 의가 되게 하려 하심이라." 이 구절을 다시 살펴보겠지만, 바울은 화해에 대한 논의에서 그리스도 안에서 하나님이 행하신 일을 설명하기 위해 칭의로 돌아가고 있음을 주목할 필요가 있다. 마찬가지로, 바울은 새 언약 사역을 설명할 때, "정죄의 직분"을 "의의 직분"과 대조하며고후 3:9, 칭의의 중요성을 언약과 연결시켜 분명히 보여준다.

목회 서신이 바울의 복음에서 멀어졌다고 주장하는 사람들도 있지만, 디도서 3장 5-7절에서 칭의는 중생, 영생, 성령의 선물, 그리고 신자의 유업과 밀접하게 연결되어 있다.

> [하나님께서] 우리를 구원하시되 우리가 행한 바 의로운 행위로 말미암지 아니하고 오직 그의 긍휼하심을 따라 중생의 씻음과 성령의 새롭게 하심으로 하셨나니 우리 구주 예수 그리스도

로 말미암아 우리에게 그 성령을 풍성히 부어 주사 우리로 그의
은혜를 힘입어 의롭다 하심을 얻어 영생의 소망을 따라 상속자
가 되게 하려 하심이라

바울은 신자들이 그들의 죄로 마땅히 받아야 할 것과 그리스도를 믿
는 자들에게 속한 새로운 삶과 칭의를 대조하며, 은혜의 메시지를 철
저하게 바울의 방식으로 전하고 있다. 디모데후서 1장 9절에서 칭의가
직접 언급되지 않지만, 이 본문은 구원이 행위에 근거하지 않고 태초
부터 하나님의 은혜와 계획에 기인한다고 말하는 점에서 이 본문은 칭
의와 밀접한 관련이 있다. 또한, 디도서 2장 11-14절에서도 구원이 하
나님의 은혜로 인한 것임을 알 수 있으며, 디모데전서 1장 12-16절에
서는 바울이 자신을 죄인 중의 괴수로 고백하면서 그를 구원하신 것이
하나님의 자비와 은혜로 덕분임을 언급한다.

이 책에서 나는 칭의에 관한 성경의 가르침을 칭의라는 단어로만 국
한시켜서는 안 된다고 주장하고자 한다. 우리는 단어 연구 접근 방식
에 얽매이지 않고 개념적으로 더 넓은 시각을 가질 필요가 있다. 이러
한 접근으로, 고린도전서 15장 1-4절이 매우 적합하다는 것을 즉시 알
수 있다. 바울은 복음을 요약하고 있으며 칭의에 대해 언급하지 않지
만 칭의의 본질이 존재한다. 바울은 "그리스도께서 우리 죄를 위하여
죽으시고"[고전 15:3]라고 선언하며, 이어서 그리스도의 부활에 대해 말하
면서, 죄인이 그리스도의 죽음과 부활을 통해 용서받았음을 나타낸다.

이것은 결코 사소한 문제가 아니다! 바울이 세상에 선포하는 복음^{고전} ^{15:1}을 언급할 때, 그 선포된 메시지는 "가장 중요한 것"^{고전 15:3}이며, 죄 용서가 구원과 연관되어 있음을 밝히고 있다^{고전 15:2}. 바울은 로마서 4장 25절에서 그리스도께서 "우리가 범죄한 것 때문에 내줌이 되고 또한 우리를 의롭다 하시기 위하여 살아나셨느니라"라고 선언하며 칭의와 용서의 밀접한 관계를 다시 한 번 확인한다^{참조. 골 2:14}. 고린도전서와 마찬가지로, 예수님의 죽음과 부활은 죄의 용서와 칭의의 근거가 된다.

칭의는 하나님께서 우리를 의롭다고 선언하시는 분이며, 용서는 그분의 은혜와 자비에 근거한다는 것을 상기시켜 준다. 바울은 데살로니가전서에서 칭의를 직접적으로 언급하지는 않지만, 예수님이 "장래의 노하심에서 우리를 건지시는" 분^{살전 1:10}이시라는 선언과 "하나님이 우리를 세우심은 노하심에 이르게 하심이 아니요 오직 우리 주 예수 그리스도로 말미암아 구원을 받게 하심이라"^{살전 5:9}라는 선언은 예수님의 죽음으로 신자들을 다가올 진노에서 구원한다는 의미에서 동일한 궤도에 있는 개념들이다. 따라서 바울의 사상에서 칭의가 중요한 역할을 하지 않는다고 생각하는 일부 학자들은 단어 연구 방식에 지나치게 집착하여 바울 사상의 개념적 일관성과 바울 서신에서 이 주제의 중요성을 간과하고 있다는 것을 알 수 있다.

바울은 데살로니가후서에서 이신칭의를 언급하지 않지만, 바울이 '의로운'이라는 단어군^{헬라어로 δικ-의 어근을 가진 단어들}을 광범위하게 사용하는 것을 관찰하는 것은 매우 흥미롭다. "하나님의 공의로운$^{\delta\iota\kappa\alpha\acute{\iota}\alpha\varsigma, \text{ 디카이아스}}$ 심판"$^{\text{살후 1:5}}$, "환난을 받는 너희에게는 우리와 함께 안식으로 갚으시는 것이 하나님의 공의시니$^{\delta\acute{\iota}\kappa\alpha\iota\text{ον, 디카이온}}$"$^{1:7}$, "하나님을 모르는 자들과 우리 주 예수의 복음에 복종하지 않는 자들에게 형벌$^{\acute{\epsilon}\kappa\delta\acute{\iota}\kappa\eta\sigma\iota\nu, \text{ 엑디케신}}$을 내리시리니"$^{1:8}$, "이런 자들은 영원한 멸망의 형벌$^{\delta\acute{\iota}\kappa\eta\nu, \text{ 디켄}}$을 받으리로다"$^{1:9}$. 이 구절들이 왜 중요한가? 바울은 최후 심판, 즉 악인의 최종 평가에 대해 언급하며 그들이 정의롭게 정죄되고 형벌을 받을 것, 즉 그들이 마땅히 받아야 할 형벌을 받는다는 사실을 강조하기 때문이다. 반면에 신자들에 대한 최후 심판은 심판과 정죄가 아니라 신원되고, 용서받으며, 무죄 판결을 받게 될 것을 암시한다. 바울은 이를 구체적으로 언급하지는 않지만 최후 심판을 법정의 정의의 관점에서 이해하기 때문에 이러한 암시가 있다고 보는 것이 타당하다.

우리는 일부 학자들이 바울의 사상에서 칭의의 중요성에 의문을 제기한 사실을 논의해 왔지만, 이 문제를 좀 더 폭넓게 고찰하면, 칭의가 구원, 언약, 용서, 화해, 중생, 영생, 성화와 같은 많은 핵심 교리 및 주제와 긴밀히 연결되어 있음을 알 수 있다. 따라서 칭의를 바울의 사상에서 사소한 문제로 치부할 수 없다. 바울이 구체적으로 언급하지 않더라도, 기본 개념이 바울 서신 곳곳에 존재한다는 많은 사례를 살펴보았다. 이 문제는 마지막 장에서 칭의와 조직신학을 다룰 때 다시 논의할 것이다.

행위로 말미암지 않음/율법의 행위

이제 바울이 직접적으로 칭의에 대해 논의하는 본문을 살펴보자. 그는 칭의가 믿음에 의한 것임을 강조하며, "행위" 또는 "율법의 행위"와 대조하면서 믿음의 중요성을 명확히 한다. 바울은 여덟 번에 걸쳐 "율법의 행위"로는 의를 얻을 수 없다고 선언한다롬 3:20, 28; 갈 2:16[3회]; 3:2, 5, 10. 그러나 바울이 말하는 "율법의 행위"가 무엇을 의미하는지에 대해서는 논쟁의 여지가 있다.

1970년대 후반부터 시작된 바울에 대한 이해, 이른바 바울에 관한 새 관점은 율법의 행위를 경계 표지, 정체성 상징, 즉, 할례, 음식법, 안식일과 같은 민족적 특징에 중점을 두는 것으로 본다. 즉 유대인들이 이방인들에게 유대인이 되어야 한다고 요구하고 유대인의 정체성 상징들을 받아들여야 구원을 받는다고 말하는 민족 중심주의로 비난받는다. 이러한 율법의 행위에 대한 해석은 매력적이고, 흥미롭게도 새 관점의 시작과 함께 새로운 상황과 새로운 맥락에서 등장했지만 사실 새롭지 않다. 16세기에 종교개혁가들이 로마 가톨릭과의 논쟁에서, 로마 가톨릭도 새 관점을 지지하는 사람들과 같은 맥락에서 율법의 행위를 이해했다. 율법의 행위를 유대인 신자들에게 고유한 율법인 의식법으로 이해했다.[46] 나는 새 관점 학파가 로마 가톨릭과 동일하다고 주장하는 것이 아니라, 이 시점에서 흥미로운 교집합이 있음을 지적한다.

이 문제를 좀 더 자세히 살펴보면 율법의 행위에 대한 새 관점의 해석은 설득력이 떨어진다. 율법의 행위라는 용어는 경계 표지에 초점을 맞추는 것이 아니라 전체 율법을 포함한다. 우리는 이 용어 자체에서 율법의 행위가 율법이 명령하는 율법 전체, 즉 모든 행위를 의미한다고 예상할 수 있다. 율법의 행위는 율법이 요구하는 모든 행위를 의미한다고 결론을 내리는 것이 가장 자연스러운 해석이다. 바울이 쓴 글을 자세히 살펴보면, 바울은 사실 이 용어를 강조하면서 유대인의 도덕적 실패에 집중한다.

로마서 3장 20절에서 칭의는 율법의 행위로 오지 않는다. 오히려 율법을 통해 죄를 깨닫는다고 말한다. 바울은 어떤 죄를 염두에 두고 있을까? 물론 모든 죄가 그의 마음에 있다. 로마서 3장 19-20절은 이방인과 유대인 모두에게 미치는 죄의 보편성, 죄의 포괄적 범위가 강조되

---

46 참조. John Calvin, *The Epistle of Paul the Apostle to the Romans and to the Thessalonians*, vol. 8 in *Calvin's New Testament Commentaries*, ed. D. W. Torrance and T. F. Torrance (Grand Rapids, MI: Eerdmans, 1961), 78-79; John Calvin, *The Epistles of Paul the Apostle to the Galatians, Ephesians, Philippians, and Colossians*, vol. 11 in *Calvin's New Testament Commentaries* ed. D. W. Torrance and T. F. Torrance (Grand Rapids, MI: Eerdmans, 1965), 53-55.

는 로마서 1장 18절-3장 20절의 결론이라는 사실을 이해하는 것이 중요하다. 유대인에 대해 바울이 어떤 근거로 그들을 기소하고 있을까? 그는 이방인을 배제하는 문제를 언급하지 않는다. 바울은 앞서 할례를 언급했지만[롬 2:25-29], 거기에서도 할례를 고집한다고 비판하는 것이 아니라, 나머지 율법을 불순종하는 것을 비판한다[롬 2:25-27]. 구체적인 죄들을 언급하면서, 바울은 도둑질, 간음, 성전 물품을 훔치는 일을 포함시킨다[롬 2:21-22]. 이것은 유대인과 이방인을 구분하는 경계 표지가 아니라 도덕적 규범에 관한 것이다. 로마서 3장 10-18절에서 바울은 구약 성경 여러 본문을 인용하여 유대인과 이방인 모두 죄 아래 있다고 주장한다. 다시 말하지만 여기에서 경계 표지에 대한 언급은 전혀 없다. 모든 사람이 불의하다고 말하며, 진정으로 하나님을 찾는 사람은 없다고 선언한다. 이어서 바울은 독을 품은 말들, 저주와 비통함, 증오의 말로 다른 사람들을 공격하고 상처 입히는 말의 죄를 언급한 후, 죄로 인해 피를 흘리고 다른 사람들의 삶에 비참함과 혼란을 일으키는 행위로 옮겨간다. 경계 표지나 민족적 상징에 대한 언급이 없다는 점은 다시 한 번 놀랍다. 행위로 하나님 앞에 의롭게 여겨지는 것이 일반적이고 넓은 의미에서 제외된다. 바울은 유대인과 이방인을 포함한 모든 사람의 삶을 더럽히는 도덕적 악에 초점을 맞춘다.

갈라디아서에서도 동일한 이해가 확인된다. 그렇다, 갈라디아서의 유대인 교사들은 그리스도를 고백한 이방인들이 구원을 받기 위해 할례를 받아야 한다고 주장했다. 새 관점은 경계 표지, 즉 유대인과 이방인 사이의 역사적 종교적, 민족적 분리가 바울 공동체 내에서 종종 문제가 되었음을 올바르게 인식한다. 율법의 행위에는 이러한 경계 표지가 포함된다! 새 관점은 또한 바울에게 민족 사이에 갈라지는 일이 중요한 문제였다는 사실을 상기시켜 준다. 베드로가 안디옥에서 이방인과 식사하는 것을 피했던 것처럼갈 2:11-14, 정체성 상징과 민족 중심주의는 분명히 문제가 되었다. 그러나 새 관점 학파는 초점을 잘못 맞추고 있다. 율법이 구원하지 못하는 이유는 모든 사람의 도덕적 불순종, 즉 모든 사람이 하나님의 뜻을 온전히 행하지 못하기 때문이다. 갈라디아서 2장 15-21절에서 바울의 주장은 베드로가 이방인들과 식사를 중단한 것에 대한 그의 답변이자 구원을 위해 할례를 받아야 하는지 고민하는 갈라디아 교인들을 위한 말이다. 바울은 베드로에게 유대인도 이방인과 마찬가지로 율법의 행위로는 의롭게 되지 않는다고 상기시킨다갈 2:15-16. 이 주장의 근본적인 이유는 이방인을 배제했기 때문이 아니다. 바울의 주장은 유대인들, 즉 언약의 구성원들로서 그들이 율법의 행위로 의롭게 되는 것이 아니라 예수 그리스도를 믿음으로 의롭게 된다는 것이다. 유대인은 언약 백성의 구성원으로서 죄와 불순종 때문에 율법을 통해서는 의롭게 될 수 없다.

이 해석은 갈라디아서 3장 10절에서도 확인된다. 이 구절은 바울이 율법의 행위에 대해 무엇을 의미하는지 이해하는 데 매우 중요한 구절이다. "무릇 율법 행위에 속한 자들은 저주 아래에 있나니 기록된 바 누구든지 율법 책에 기록된 대로 모든 일을 항상 행하지 아니하는 자는 저주 아래에 있는 자라 하였음이라.” 우리는 이 구절을 주의 깊게 살펴볼 필요가 있다. 바울은 먼저 율법의 행위에 의지하는 자들이 저주 아래에 있다고 주장한다. 우리가 답해야 할 질문은, 왜 율법의 행위에 의지하는 자들이 저주를 받는가 하는 것이다. 구약 성경에서 인용된 이 구절은 신명기 27장 26절과 아마도 28장 58절에서 가져온 것인데, 율법의 행위에 의지하는 자들이 저주를 받는 이유를 설명해준다. 그들은 율법에 기록된 모든 것을 행하지 않기 때문에 저주를 받는다. 율법의 행위에 대한 정의는 본문에 내포되어 있다. 율법의 행위는 율법에 기록된 모든 것πᾶσιν, 파신으로 묘사되기 때문이다. 따라서 하나님과 올바른 관계를 유지하려면 전적인 순종이 요구되며, 율법에 기록된 모든 것을 지키지 못한 자들에게는 저주가 임한다. 논증의 중간 단계가 생략되었지만, 여기서 우리는 삼단논법을 발견할 수 있다.

1. 저주를 피하려면 율법 전체를 지켜야 한다.
2. 아무도 율법을 완벽하게 지킬 수 없다.
3. 따라서 율법의 행위에 속한 사람은 모두 저주를 받는다.

바울이 논증의 중간 단계를 언급하지 않았기 때문에 이 삼단논법에 반대하는 사람들도 있지만, 바울이 그것을 포함하지 않은 이유는 자명하다.[47] 성경을 아는 사람이라면 누구나 율법 전체를 지킬 수 없다는 사실을 잘 알고 있었으며, 이것은 구약 성경 여러 곳에서 언급된다^{왕상 8:46;} 잠 20:9; 전 7:20. 구약의 위대한 영웅들이 삶에서 여러 번 실패한 이야기에서도 분명하게 드러난다. 바울이 논증의 중간 단계를 포함하지 않은 이유는 그것이 논란의 여지가 없는 사실이었기 때문이다. 구약 성경은 자주 아무도 율법을 완벽하게 지킬 수 없다고 가르쳤다. 나는 율법의 행위가 율법 전체를 가리키며, 바울이 로마서 3장 23절에서 말하듯이 "모든 사람이 죄를 범하였으매 하나님의 영광에 이르지 못하였기" 때문에 율법의 행위로는 의롭게 될 수 없다고 결론 내린다. 야고보도 이 이해에 동의한다. "누구든지 온 율법을 지키다가 그 하나를 범하면 모두 범한 자가 되나니"^{약 2:10}. 부분적인 순종으로는 충분하지 않다. 신학적으로 그 이유를 묻는다면, 하나님은 도덕적으로 완전하고 거룩함이 아름다우시기 때문에 거룩하고 완전하지 않은 것은 그의 임재 앞에 설 수 없다는 사실을 깨닫는다.

바울이 빌립보서 3장에서 반대자들에게 대응하는 자신의 자서전적 회고도 이 문제를 조명한다. 반대자들은 할례와 율법의 순종을 요구했

---

47 어떤 학자들은 구약의 성도들은 죄를 속죄하기 위해 제사를 드릴 수 있었기 때문에 바울이 완전한 순종이 필요한 것을 믿지 않았다고 말하기도 한다. 이러한 반론은 바울의 주장이 가지고 있는 구속 역사적인 특징을 놓치고 있다. 이제 그리스도가 오셨기 때문에 구약의 제사는 더 이상 속죄할 수 없기 때문에 율법 언약에 의존하는 사람들은 의롭게 되기 위해 모든 조항을 지켜야 하며 그러한 순종은 불가능하다.

다빌 3:2. 바울에게 이러한 명령은 성령 대신 육체에 의지하는 것이며, 그리스도 예수 대신 자신을 자랑하게 하는 것이다빌 3:3-4. 그는 독자들에게 자신이 한때 바로 그 게임을 했다는 사실을 상기시킨다. 사실 그는 적들보다 더 잘했다빌 3:4-6. 그는 율법에 따라 팔일 만에 할례를 받았고레 12:3, 이스라엘 사람이었으며, 그가 속한 지파는 이스라엘 첫 왕이 나온 베냐민 지파였다. 그는 "히브리인 중의 히브리인"으로서 아마도 아람어 또는 히브리어를 사용했을 것이다. 이 목록의 첫 부분은 민족적 문제, 즉 경계 표지 문제와 관련이 있으며, 새 관점 학파에서 이 부분을 문제의 일부로 보는 것은 틀리지 않았다. 결국, 할례, 음식법, 안식일은 율법의 일부였으며, 유대인들은 이를 지키지 않는 이방인을 경멸했을 것이다. 다른 민족들을 무시하는 것은 인간의 본성이며, 유대인들처럼 다른 민족이 부정하고 죄인으로 여겨질 때 그러한 경멸은 더욱 심해진다.

그러나 바울은 빌립보서 3장 4-6절에서 민족적 문제에만 제한시키지 않는다. 그는 계속해서 자신이 율법과 관련하여 바리새인이라고 말하며, 다른 곳에서 바리새인들이 율법에 대해 가장 엄격하고 정확한 분파라고 주장한다행 26:5. 바울은 율법을 지키는 데 있어서 다른 유대인들을 뛰어넘는 특별한 헌신을 특징참조. 갈 1:13-14으로 한다는 점에서 이 주장은 민족적 경계 표지를 넘어선다. 그 다음 내용인 바울의 교회 박해와 혼동될 수 있지만 그 목적은 비슷하다. 바울이 회심하기 전, 교회를 박해한 것은 토라에 대한 헌신을 드러냈다. 그는 자신이 성막 근처에서 이스라엘 남자와 미디안 여자가 성관계를 맺고 있을 때 그들을 죽인 비느하스와 같은 열심을 가졌다고 생각했다^{민 25:6-8}. 그는 자신이 바알의 선지자 사백 명을 처형한 엘리야와 같은 열심이 있다고 믿었다^{왕상 18:40}. 또한 그는 이방 신에게 제물을 바치려는 유대인을 죽인 맛다디아의 모범을 따르고 있다고 확신했다^{마카비 2서 2:19-26}. 바울은 그리스도인들을 박해하고 죽인 것이 하나님에 대한 헌신을 보여주는 상징이라고 믿었지만, 그것은 지식 없는 열심이었다^{롬 10:2}.

마지막으로, 바울은 율법에 대한 자신의 순종이 흠이 없었다고 말한다^{빌 3:6}. 유대인들은 죄인이 완전히 순종할 수 있다고 믿지 않았기 때문에 그의 순종은 완전했다는 의미는 아니다^{참조. 왕상 8:46}. 바울의 순종이 놀랍다는 것은 그가 죄를 지었을 때 속죄를 위해 신실하게 희생 제사를 드렸다는 것을 의미한다. 바울의 삶을 특징짓는 이 놀라운 순종에도 하나님 앞에서 올바르게 서는 것은 그의 놀라운 업적이나 율법에 대한 그의 놀라운 헌신에서 비롯된 것이 아니다. 바울의 의는 "율법에서 난 것"^{빌 3:9}이었기 때문에 불완전했다.

빌립보서 3장에서 바울이 의미하는 바는 로마서 9장 30절-10장 8절에서 더욱 분명히 드러난다. 이 본문은 빌립보서 3장과 여러 면에서 병행되기 때문이다. 로마서 10장에서는 이스라엘 민족을, 빌립보서 3장에서는 바울 자신의 개인적 삶을 다룬다. 바울이 빌립보서 3장에서 자서전적으로 자신을 언급한 내용은 로마서 10장에서 이스라엘을 민족적으로 언급한 것과 일치한다. 로마서 9장 31-32절에 따르면, 많은 유대인이 의를 위해 율법을 추구했으나, 믿음 대신 행위로 율법을 추구했기 때문에 율법으로 의를 얻지 못했다^{롬 9:31-32}. 그들은 자기 열심으로 의가 그리스도를 믿는 믿음으로 말미암아 온다는 사실을 인정하지 않고, 자신의 의를 세우려고 했다^{롬 10:2-4}. 그들은 믿음이 아니라 행위를 통해 의를 세우려고 했다^{롬 10:5-6}. 물론 바울은 선행에 반대하지 않았지만, 하나님은 완전한 순종을 요구하시기에 행위로는 하나님 앞에서 의를 얻기에 충분하지 않다. 빌립보서 3장에 따르면, 바울 역시 율법에 대한 순종으로 자기 의를 세우려고 노력했다. 그러나 회심했을 때, 의는 "율법에서 난 것이 아니요 오직 그리스도를 믿음으로" 온다는 것을 발견했다^{빌 3:9}. 로마서 9-10장과 빌립보서 3장은 행위와 믿음, 성취와 믿음, 실행과 안식이라는 두 가지 의의 방식을 대조한다.

로마서 9-10장에서 우리가 주목해야 할 또 다른 중요한 점은 율법의 행위나 안식일, 할례, 음식법에 대한 언급이 없다는 것이다. 바울은 일반적으로 행위^{ἔργα, 에르가}를 언급하고 있으므로 이 본문에서 경계 표지나 정체성 상징이 문제가 되었음을 나타내는 증거는 없다. 이는 아브라함이 "행위로써 의롭다 하심을" 받지 않았다^{롬 4:2}라고 알려진 아브라함의 삶과도 일치한다. 아브라함은 율법 아래 살지 않았기 때문에 이 언급은 율법의 행위를 가리키는 것이 아니다. 많은 학자가 이 점을 간과하는 것이 흥미롭다. 바울이 아브라함이 하나님 앞에서 자신의 행위로 자랑할 수 없다고 말할 때, 그가 자랑할 수 없는 이유는 그가 필수적인 행위를 하지 않았기 때문이다. 아브라함은 우상 숭배자 집안에서 태어났고수 24:2, 아마도 다른 신을 숭배하는 데 가족들과 함께 참여했을 것이다. 아브라함은 자신의 죄로 의롭다 함을 받을 필요가 있었으며, 다윗의 경우도 마찬가지였다롬 4:6-8. 바울은 다윗이 여호와 앞에 죄를 고백하며 용서의 복됨을 기뻐하는 시편 32편을 인용한다시 32:1-2. 다윗의 행위롬 4:6는 주님 앞에 의롭게 설 수 없게 만들었다. 분명히, 다윗의 죄책감은 경계 표지와 관련된 것이 아니라 밧세바와 우리야에 대한 죄와 관련된 것이었다. 다윗의 불의는 그의 도덕적 실패에서 비롯된 것이다.

바울이 "율법의 행위"라는 표현과 함께 "행위"라는 단어를 사용한 것은 그의 관심이 근본적으로 경계 표지가 아니라 인간의 불순종에 있음을 보여 준다. 민족 중심주의가 우려할 만한 문제이고 새 관점이 이 부분에서 진실을 다루고 있기는 하지만, 그것이 바울이 동료 유대인들을 향한 근본적인 비판은 아니다. 유대인과 모든 사람의 문제는 죄, 즉 인간과 하나님을 분리시키는 악과 악함이다.[48] 따라서 바울은 에베소서 2장 9절에서 구원이 "행위에서 난 것이 아니니"라고 말하며, 구원에서 인간의 불순종 때문에 행위가 근거가 될 수 없다고 단언한다.

바울은 디도서 3장 5절에서 하나님이 "우리가 행한 바 의로운 행위"를 근거로 우리를 구원하거나 의롭게 하시지 않는다고 더욱 구체적으

---

48 덧붙여서 민족 중심주의도 죄라는 것을 부정하는 것은 아니다! 중요한 점은 그것이 유대인에게 제기된 근본적인 불만이 아니라는 것이다.

로 언급한다. 여기서 추가적인 언어는 문제의 행위가 경건한 행동, 하나님을 기쁘시게 하는 행위, 옳고 진실하며 거룩한 행위와 관련이 있음을 보여준다. 바울은 디도서 3장 3절에서 "우리도 전에는 어리석은 자요 순종하지 아니한 자요 속은 자요 여러 가지 정욕과 행락에 종 노릇 한 자요 악독과 투기를 일삼은 자요 가증스러운 자요 피차 미워한 자였으나"라고 말하며 인간의 죄가 행위로 인한 의를 불가능하게 만드는 이유라는 것을 알고 있다. 다시 말하지만, 바울은 경계 표지에 대해 언급하지 않는다. 죄는 도덕적 악에서 비롯되며, 서로에 대한 우리의 증오에서 터져 나온다. 디모데후서 1장 9절에서도 신자는 "우리의 행위대로"가 아니라 그리스도 예수 안에 있는 하나님의 은혜로운 목적 때문에 부르심을 받았다고 말한다. 우리는 "본질상 진노의 자녀"엡 2:3이기 때문에 칭의는 인간이 만들어낼 수 없다. 모든 인간은 아담의 아들과 딸이며롬 5:12-19, 죄로 인해 영적으로 죽고 하나님 앞에서 정죄를 받은 상태로 세상에 태어난다. 새 관점 학파의 설명의 약점 중 하나는 바울 신학에서 죄의 힘을 충분히 강조하지 않았다는 점이다.

인간의 상태는 참으로 비참하다. 인간은 죄인일 뿐만 아니라 죄의 노예이다롬 6:6, 16, 17, 18, 20. 죄와 죽음은 모든 인간을 지배하고 다스리는 두 가지 힘이다. 신자들은 죄롬 3:9; 7:14; 갈 3:22, 율법롬 6:14-15; 갈 3:23; 4:4-5, 21; 5:18, 저주갈 3:10, 초등교사갈 3:25, 초등학문갈 4:3 아래에 놓여 있다. 죄는 아담 안에 있는 모든 사람을 지배하는 힘이다. 우리는 생명력 넘치는 존재로 이 세상에 오는 것이 아니라 "허물과 죄로 죽었던"엡 2:1; 참조, 엡 2:5 상태로 온다. 아담의 아들과 딸로서 우리는 심판자이신 하나님 앞에서 유죄로 서 있다. 그러므로 인간의 순종은 우리를 거룩함으로 타오르는 하나님, 즉 "소멸하는 불"히 12:29이신 하나님과의 관계에서 설 자격을 얻을 수 없다.

이신칭의

인간은 죄인이기 때문에 행위나 율법의 행위로는 칭의를 얻을 수 없다. 바울은 이와는 대조적으로, 사람들이 믿음으로 의롭다 함을 받는다고 강조한다. 많은 사람이 로마서 주제로 생각하는 구절에서 그는 하나님의 의가 "믿음으로부터 믿음에 이르게" 나타난다고 하며롬 1:17, 이는 아마도 처음부터 끝까지 믿음으로 우리가 하나님과 올바른 관계를 맺는다는 것을 의미한다고 선언한다. 바울은 하박국 2장 4절앞서 살펴본 구절, "오직 의인은 믿음으로 말미암아 살리라"를 두 번 인용한다롬 1:17; 갈 3:11. 여기서 믿음의 중심이 분명하게 드러난다. 로마서 3장 22절, "예수 그리스도를 믿음으로 말미암아 모든 믿는 자에게 미치는 하나님의 의"참조. 갈 3:22라는 말씀에서 믿음의 중심이 분명하게 드러난다.

종종 행함은 믿음과 대조되는데, 바울은 믿음이 우리가 칭의를 받는 방법이라고 주장한다롬 3:27-28; 갈 2:16, 20. 실제로 바울은 믿음과 행위를 가장 강력한 용어로 대조한다롬 4:4-5. 노동자가 자신이 한 일에 대한 임금을 기대하듯, 필요한 행위를 하는 사람은 그 보상을 기대한다. 바울도 원칙적으로 이에 동의한다. 필요한 행위를 하는 사람들은 보상을 받을 자격이 있으며, 그 행위가 신실하게 행해졌다면 무죄 판결을 받을 자격이 있다. 의에 대한 보상, 즉 순종에 대한 보상은 문제될 것이 없다. 그것이 바로 정의와 공정성이다. 문제는 누구도 명령된 행위를 완벽히 수행하지 못한다는 것이다. 모든 사람이 죄를 짓기 때문에 누구도 하나님을 빚지게 할 수 없다. 누구도 자신의 행위로 하나님을 신실하게 섬기지 못한다. 따라서 유일한 소망은 하나님이 경건하지 않은 자를 의롭다 하시는 데 있다. 하나님은 그리스도 예수를 믿는 자들을 의롭다 하신다. 예수님의 대속적 죽음은 하나님의 정의와 거룩함을 만족시킨다. 칭의는 선물이지만, 우리를 위해 그리고 우리의 구원을 위해 하나님의 진노를 스스로 짊어지신 그리스도의 희생에 근거한다롬 3:25-26.

그러므로 바울은 믿음과 행위가 의롭다 하심을 얻는 길로서 서로 근본적으로 대립한다고 가르친다롬 4:13-16; 갈 3:18. 율법을 지킴으로 의를 얻는다면, 구원은 더 이상 하나님의 약속에 근거하지 않으며, 믿음은 그 의미와 고유성을 상실하게 된다. 믿음은 하나님의 은혜와 일치한다. 그것은 인간 자신에게서 의를 찾기보다는 주님께 의를 구하는 것이기 때문이다. 행위는 인간이 성취한 것에 초점을 맞추지만, 믿음은 하나님께서 그리스도 안에서 이루신 일을 바라본다. 다시 말해, 바울에게 행위 자체에 문제가 있는 것은 아니다. 인간이 명령을 받은 행위를 수행할 수 있다면, 그들은 그에 따른 보상을 받을 것이다. 아담과 하와는 죄를 지은 후에야 에덴 동산에서 벌을 받았다. 하나님께서는 선하고 자비롭게 그분을 알고 그분과 관계를 맺을 수 있는 다른 방법을 마련해주

섰다. 이는 에베소서 2장 8절에 잘 표현되어 있다. "너희는 그 은혜에 의하여 믿음으로 말미암아 구원을 받았으니 이것은 너희에게서 난 것이 아니요 하나님의 선물이라." 믿음은 근본적으로 의를 위해 자기 자신에서 벗어나 그리스도 안에서 하나님을 바라본다는 점에서 수용적이다. 따라서 루터는 어떤 의미에서 믿음에 수동적인 차원이 있다고 올바르게 이해한다. 믿음으로 우리는 다른 이의 의를 받는다.

율법의 의는 율법이 명령하는 것을 행하는 데서 비롯되지만, 아무도 그 명령을 지킬 수 없다롬 10:5; 갈 3:12; 빌 3:9. 따라서 믿음에 의한 의는 우리 자신에게서 벗어나 하나님께서 예수 그리스도의 죽음과 부활에서 이루신 일을 바라본다롬 4:25; 10:6-8. 의는 성취하는 것이 아니라 믿는 것으로, 행하는 것이 아니라 하나님의 약속을 의지함으로, 실행하는 것이 아니라 그리스도를 신뢰하는 것으로 주어진다. 바울은 로마서와 갈라디아서에서 아브라함이 믿음으로 의롭게 되었음을 강조하는데롬 4:1-5; 갈 3:6-9, 이는 아브라함이 유대 민족의 조상이자 창시자라는 점에서 중요한 증거이다. 할례받은 유대인들이 특별한 혜택을 누리는 것처럼 의롭다 하는 믿음은 특정 민족 그룹에 제한되지 않는다롬 3:29-30; 4:9-12; 갈 3:26. 심지어 아브라함도 할례를 받기 전에 믿음으로 의롭게 하심을 받았다롬 4:9-10.

바울의 속격 어구 πίστις Χριστοῦ피스티스 크리스투와 πίστις Ἰησοῦ Χριστοῦ피스티스 이에수 크리스투가 "그리스도를 믿는 믿음"을 의미하는지 아니면 "그리스도의 신실함"을 의미하는지에 대한 논쟁이 격렬했다.[49] 문법적으로 두 가지 해석이 모두 가능하지만, 여기서는 이를 자세히 논의할 지면이 부족하다. 나는 다음과 같은 증거가 전통적인 해석인 "그리스도를 믿는 믿음"을 지지한다고 제안한다. 첫째, 예수님은 마가복음 11장 22절에서 "하나님을 믿으라"$^{\pi i\sigma\tau\iota\nu\ \theta\varepsilon o\tilde{\upsilon}}$, 피스틴 데우라고 말씀하신다. 이 구절이 "하나님의 신실하심을 가지라"라고 번역된다면 일부 학자들의 견해와는 다르게 의미가 어울리지 않는다.

둘째, "믿다"라는 동사와 "그리스도를 믿는 믿음"이 함께 나타나는 본문이 있다예. 롬 3:22; 갈 3:22. 이것을 어떻게 해석해야 할까? 어떤 학자들은 이러한 경우 바울이 "그리스도를 믿는 믿음"과 "믿음"을 함께 쓰는 것은 불필요하기 때문에, 그리스도를 믿는 믿음이 아니라는 주장을 한다. 그러나 나는 믿음의 중요성 때문에 바울이 두 번 언급했다고 제안한다. 즉 바울은 그리스도를 믿는 믿음을 강조하고 있는 것이다. 또한 "그리스도를 믿는 믿음"과 "믿음"이라는 두 표현이 완전히 동의어가 아니라는 점에 주목할 필요가 한다. 결국 바울은 문제의 어구에서 그리스도를 믿는 믿음을 강조하는 한편, 일반적인 믿음을 언급하고 있다. 믿음은 모호하거나 애매한 것이 아니라 우리를 대신하여 십자가에 못 박히신 분, 죽음과 죄를 이기고 부활하신 분으로서 예수 그리스도

---

49 이 논쟁에 대한 좋은 입문은 다음을 참조하라. Michael F. Bird and Preston Sprinkle, eds., The Faith of Jesus Christ: Exegetical, Biblical, and Theological Studies (Peabody, MA: Hendrickson, 2009).

를 대상으로 한다.

셋째, 바울 서신의 사고 흐름을 보면, 갈라디아서 3장 6절에서 "믿었다"는 동사를 사용하면서 3장 2절과 5절에서 "믿음"이 아닌 "신실함"을 말한다고 보는 것은 어려운 해석이다. 또한, 로마서 3장 21-31절 다음에 이어지는 로마서 4장에서 바울은 3장에서 언급한 믿음을 아브라함의 믿음과 신뢰로 전환한다. 두 경우 모두 인간의 믿음을 염두에 두고 있는 것으로 해석하는 것이 자연스럽다.

넷째, 바울이 행위와 믿음을 대조할 때, 두 가지 모두 인간 활동을 가리킨다. 다섯째, 디모데후서 2장 13절에서 하나님이 신실하신 것처럼 예수님도 신실하다고 언급한 것을 제외하고 바울 서신 어디에서도 예수님의 순종을 "믿음"이라는 단어로 묘사하지 않았다는 점도 주목할만하다. 예수님을 신실하다고 묘사하는 것은 바울의 전형적인 특징이 아니며, 바울은 오히려 자주 인간의 믿음을 강조한다.

이 문제에 대한 논쟁은 아마도 마지막 날까지 끝나지 않을 것이다. 그러나 각 해석가는 결정을 내려야 한다. 우리는 왜 이 문제가 중요한지 궁금할 수 있다. 그 대답은 우리의 믿음은 온전한 인간이자 온전한 하나님이신 메시아 예수님을 믿는다는 것이다. 우리가 예수 그리스도를 믿을 때, 우리의 믿음의 대상은 뚜렷하게 드러난다.

칭의는 법정적이다

역사적인 개신교의 입장에 따르면, 칭의는 법정적이며, 법정에서 사용되는 용어로서 재판관이신 하나님께서 죄인을 무죄로 선언하신다는 의미이다. "의롭다 하다"는 "의롭게 만들다"가 아니라 "의롭다고 선언하다"를 의미한다. 이러한 법정적 이해는 구약 성경 여러 곳에서 찾아볼 수 있다. 예를 들어, 출애굽기 23장 7절에서 "거짓 일을 멀리 하며 무죄한 자와 의로운 자를 죽이지 말라 나는 악인을 의롭다 하지 아니하겠노라"라고 경고한다. 이 상황의 법적 성격은 분명하며 "의롭다 하다"라는 단어의 의미는 확실히 선언적이다. 법적 소송에서 죄는 무죄로 선언되지 않는다. 주님은 사건의 사실에 따라 판단하시고, 적절한 판결을 내리신다.

신명기 25장 1절에서도 비슷한 상황이 나타나지만, 여기서는 재판관이 인간이다. "사람들 사이에 시비가 생겨 재판을 청하면 재판장은 그들을 재판하여 의인은 의롭다 하고 악인은 정죄할 것이며"참조. 왕상 8:31-32; 대하 6:23. 재판관은 죄 없는 사람을 무죄로 만들거나 악을 행한 사람을 더 악하게 만들지 않는다. 그 대신 사건의 사실에 따라 판결을 내려 무죄인 사람을 의롭다고, 악한 사람을 유죄라고 선언한다. 적어도 의로운 재판관들은 공정하게 사건을 판결하지만, 이스라엘이 주님을 떠났을 때 재판관들은 다음과 같이 판결했다.

그들은 뇌물로 말미암아 악인을 의롭다 하고

의인에게서 그 공의를 빼앗는도다

이러한 경우에 드러나는 엄청난 악은 다음 구절에서 강조된다.

악인을 의롭다 하고 의인을 악하다 하는 이 두 사람은 다 여호와

께 미움을 받느니라

잠 17:15

문맥에서 "의롭다 하다"와 "정죄하다"라는 동사는 모두 선언적이다. 악인을 의롭다고 선언하는 사람은, 악인이 법적 책임이 있음에도 그를 옳다고 선언하는 것이다. 마찬가지로, 의로운 사람을 정죄하는 사람은 선을 행한 사람이 무죄임에도 불구하고 그를 유죄라고 선언한다.

앞서 욥에 대해 생각해본 것처럼, 이 용어의 법정적이고 선언적 의미는 여러 본문에서 분명히 드러난다. 예를 들어, 욥이 하나님께 자신을 의롭게 만들어 달라고 요청하고 있지 않다는 것은 분명하다. 대신 욥은 자신이 의롭다고 주장하며, 여호와께서 사건의 사실에 따라 자신을 심판해 주시길 바란다.

> 보라 내가 내 사정을 진술하였거니와
> 내가 정의롭다 함을 얻을 줄 아노라
>
> 욥기 13:18

욥은 하나님 앞에서 자신의 사건을 변론할 수 있다면 의롭다고 선언받을 수 있다고 확신한다. 욥기 27장 6절에서도 같은 정서를 확인할 수 있다.

> 내가 내 공의를 굳게 잡고 놓지 아니하리니
> 내 마음이 나의 생애를 비웃지 아니하리라

엘리후는 욥이 자신이 옳다고 주장하며, 하나님이 틀렸다고 말하는 것에 대해 불만을 제기한다.

> 욥이 말하기를 내가 의로우나
> 하나님이 내 의를 부인하셨고
>
> 욥기 34:5; 참고. 욥기 40:8

이 용어의 법정적 성격은 이사야 43장 26절에서도 분명히 드러난다.

> 너는 나에게 기억이 나게 하라 우리가 함께 변론하자
> 너는 말하여 네가 의로움을 나타내라

여호와는 그들의 법적 소송이 무너지고 그들이 틀렸음이 드러날 것을 확신하며, 이스라엘과 법정에서 다투기를 기꺼이 원하신다. 예레미야도 여호와께 불만을 품고, 여호와께서 승소할 것을 알면서도 그분을 상대로 소송을 제기하고 싶어 한다.

> 주여, 내가 주께 송사를 제기하더라도 주께서는 의로우십니다
> 그러나 나는 여전히 주와 변론하고 싶습니다
>
> 렘 12:1. CSB 성경

"의롭다 하다"라는 동사의 법정적 의미는 바울 서신에서도 분명히 나타난다.[50] 로마서 8장 33절을 보라. "누가 능히 하나님께서 택하신 자들을 고발하리요 의롭다 하신 이는 하나님이시니." 바울은 주님의 택한 자로서 주님께 속한 자들에 대한 가상의 법적 소송이 제기될 수 있는 상황을 염두에 두고 있으므로, 이 상황은 법정적인 설정이 분명하다. 그러나 하나님께서 재판관이자 배심원이시고 무죄를 선고하시기 때문에 어떤 기소도 받아들여지지 않을 것이다. 로마서 2장 13절도 선언적이다. "하나님 앞에서는 율법을 듣는 자가 의인이 아니요 오직 율법을 행하는 자라야 의롭다 하심을 얻으리니." 바울의 진술은 구약성경에서 본 내용과 일치하며, 율법이 명하는 대로 행하는 자는 하나

---

50 논의는 다음을 참조하라. Brendan Bryne, *Paul and the Economy of Salvation: Reading from the Perspective of the Last Judgment* (Grand Rapids, MI: Baker Academic, 2021), 35-41.

님께 의롭다고 선언받는다.

　바울이 "의"와 함께 동사 "인정하다" 또는 "여기다"λογίζομαι, 로기조마이를 사용한 것도 "의"의 법정적이고 선언적인 성격을 뒷받침한다참조. 롬 3:28; 4:3, 5, 9, 10, 11, 22, 23, 24; 갈 3:6. "여기다"라는 단어는 어떤 것이 누군가에게 적립되는 것을 말하며, 회계 은유는 선언적 의미를 더욱 뒷받침한다. "인정하다" 혹은 "여기다"는 두 가지 다른 방식으로 사용될 수 있다. 어떤 것이 본질적으로 그 사람에게 속하기 때문에 그렇게 간주되거나 여겨질 수 있고, 반대로 본질적으로 그 사람의 것이 아닌 것이 그에게 간주되거나 여겨질 수도 있다. 첫 번째는 비느하스가 성막 근처에서 성관계를 하던 이스라엘 남자와 미디안 여자를 죽인 것이 "이 일이 그의 의로 인정되었으니"시 106:31라고 말해지는 경우다. 이 경우, 비느하스의 행위가 실제로 의로운 일이었기 때문에 의로 간주되었다. 반면에, "인정하다"는 동사는 실제로 그렇지 않은 것을 진리로 여기는 상황을 묘사할 수도 있다. 예를 들어, 야곱의 아내들은 라반의 딸들로 가족 구성원이었음에도 불구하고 이방인으로 여겨졌다창 31:15. 바울도 마찬가지이다. 믿는 자에게 여겨지는 의는 본질적으로, 내재적으로 그들에게 속한 것이 아니다. 그들은 의롭지 않으며, 죄인이라는 점에서 "의"는 인정되고 여겨진다. 이것은 로마서 4장에서 바울은 "인정되다" 혹은 "여겨지다"λογίζομαι, 로기조마이라는 단어를 사용하여 범죄한 사람들, 요구된 필수적인 행위를 하지 못한 사람들이 의로 복을 받는다고 선언한다롬 4:6, 8. 그들은 믿음으로 그리스도와 연합했기 때문에 의롭다고 여겨진다.

모든 사람이 죄인이기 때문에룜 3:20 칭의는 율법의 행위로 얻지 못하고 얻을 수도 없으며, 따라서 칭의는 믿음에 의한 것이다룜 3:28; 5:1. 바울은 죄인이라도 예수 그리스도를 믿으면 의롭다고 선언되고, 즉 무죄 판결을 받고 모든 잘못에서 깨끗하게 된다는, 거의 상상할 수 없는 매우 놀라운 진리를 가르친다. 이러한 가르침은 표면적으로 잠언 17장 15절과 충돌하는 것처럼 보인다. 이 구절은 죄인을 의롭다고 선언하는 것은 하나님께서 미워하시는 일이지만, 하나님께서는 죄인을 의롭다고 선언하실 때 정의를 위반하지 않으신다. 바울은 여러 본문에서 예수님께서 죄인을 대신하여 죄인들이 받아야 할 진노를 스스로 짊어지고 죽으셨으므로에. 롬 3:24-26; 고후 5:21; 갈 3:13 하나님은 정의를 위반하지 않으셨다고 설명한다. 예수 그리스도의 십자가는 하나님의 거룩하심과 사랑이 모두 드러난다.

일부 학자들은 동사 "의롭다 하다"δικαιόω, 디카이오오가 법정적 의미를 지니지만, 명사 "의"δικαιοσύνη, 디카이오쉬네는 특히 하나님의 의와 관련해서 변화적인 의미를 가진다고 주장한다. 그러나 명사 "의"가 동사 "인정하다/여기다"와 함께 사용될 때 법정적으로 이해해야 한다는 점을 이미 살펴보았다. 6장에서는 하나님의 의를 변화적 의미로 이해하는 사람들에 대해 응답하고, 이 경우에도 명사 "의"가 법정적이라는 개념을 변증할 것이다.

전가된 의

바울이 전가된 의를 가르쳤는지에 대한 질문이 자주 제기된다. 리처드 백스터, 로버트 건드리, N. T. 라이트와 같은 몇몇 유명한 목회자들과 학자들은 전가된 의가 바울의 가르침과 일치하는지 의심해왔다.[51] 그러나 일부의 의심과 반대에도 전가된 의가 바울의 개념이라고 확신할 만한 충분한 이유가 있다. 예를 들어, 로마서 5장 12-19절에서 바울은 아담과 그리스도를 대조한다. 아담과 그리스도는 모든 인류를 위한 두 언약의 머리로서 기능한다. 아담은 그와 연합된 모든 사람의 대표로서 모든 사람에게 죄, 죽음, 정죄를 가져왔다. 반면, 그리스도는 믿음으로 그분과 연합된 모든 사람에게 생명과 의롭다 하심을 가져왔다. 아담의 한 범죄는 "모든 사람에게 정죄"를 가져왔지만, 그리스도의 "한 의로운 행위"는 "의롭다 하심"을 가져왔다롬 5:18. 여기서 한 의로운 행위는 십자가에서 성취하신 그리스도의 순종과 희생을 의미하는 것으로 보인다. 그러나 한 의로운 행위는 궁극적으로 그리스도의 순종의 삶과 분리될 수 없다. 십자가 이전의 그리스도의 삶이 죄로 더럽혀졌다면, 십자가에서의 순종 행위는 아무런 효력을 발휘하지 못했을 것이다. 십

---

51 참조. Hans Boersma, *A Hot Pepper Corn: Richard Baxter's Doctrine of Justification in Its Seventeenth-Century Context of Controversy* (Zoetermeer: Uitgeverij Boekencentrum, 1993), 257-330; Tim Cooper, *John Owen, Richard Baxter and the Formation of Nonconformity* (Burleigh, VT: Ashgate, 2011), 75-80. Robert H. Gundry, "The Nonimputation of Christ's Righteousness," in *Justification: What's at Stake in the Current Debates*, ed. M. A. Husbands and D. J. Trier (Downers Grove, IL: IVP Academic, 2004), 17-45. 라이트의 전가에 대한 관점은 6장에서 살펴 볼 것이다.

자가에서 그분의 순종은 그분의 삶 전체가 하나님의 뜻에 대한 완전한 헌신과 순종으로 특징지어졌다는 사실에서 절정을 이루었다. 우리가 구원을 위해 그리스도를 믿을 때, 그리스도의 존재 전체가 믿는 자들에게 주어진다. 루터는 신자를 그리스도와 결혼한 자로 비유하며, 그리스도와 연합할 때 그분의 모든 것, 즉 그분의 전 존재가 신자에게 주어지며 여기에는 그의 의가 포함된다고 설명했다.[52]

로마서 5장 19절에서도 전가의 개념을 확인할 수 있다. "한 사람이 순종하지 아니함으로 많은 사람이 죄인 된 것 같이 한 사람이 순종하심으로 많은 사람이 의인이 되리라." 여기서 "되리라"라는 동사는 종종 "임명하다"라는 의미를 뜻하는 헬라어 $\varkappa\alpha\theta\iota\sigma\tau\eta\mu\iota$카디스테미에서 유래한다마 24:45, 47; 25:21, 23; 눅 12:14, 42, 44; 행 6:3; 7:10, 27; 딛 1:5; 히 5:1; 7:28; 8:3, 여기에서 동일한 의미로 이해할 충분한 이유가 있다. 이러한 이해는 아담과 그리스도가 인간의 언약적 머리로 임명되는 연합적인 머리라는 개념에 부합한다. 아담이 우리의 언약의 머리이며 우리는 그와 연합되었기 때문에 죄인으로 간주된다. 다시 말해, 신자들의 의가 완전한 이유는 그들의 의가 그들 자신에게 있는 것이 아니라 십자가에 못 박히시고 부활하신 그리스도 안에 있기 때문이다.

---

52 참조. Martin Luther, "Two Kinds of Righteousness," in *Martin Luther: Selections from His Writings*, ed. John Dillenberger (Garden City, NY: Doubleday, 1961), 87.

Justification

앞서 언급했듯이, 로마서 4장에서 바울은 우리의 믿음이 의로 여겨진다고 말하며 λογίζομαι, 로기조마이, 이 사용된 용어는 전가된 의를 뒷받침한다. 로마서 3-4장의 사고 흐름을 살펴보는 것이 중요하다. 믿음으로 의롭게 된다는 바울의 가르침은 중심 단락인 로마서 3장 21-26절을 따르는데, 여기서 믿는 자들의 용서는 그리스도의 대속의 죽음에 근거하고 있다. 그리스도의 대속적 죽음에서 (그의 큰 사랑으로 인해) 하나님은 (그의 사랑 때문에 기꺼이 오신) 아들을 보내시어 우리의 죄의 형벌을 대신 짊어지게 하셨다. 따라서 믿는 자들은 하나님의 은혜롭고 자비로운 사랑으로 하나님 앞에서 의롭게 되며 죄에서 구속받는다. 그렇다면 이것이 전가와 어떻게 관련되는가?

바울이 우리가 믿음으로 의롭다고 말할 때, 마치 믿음이 우리가 의롭게 여겨지는 덕인 것처럼 믿음이 우리의 의라고 이해해서는 안 된다. 본문은 믿음이 우리의 의라고 해석될 수 있지만, 문맥상 믿음은 그리스도가 우리의 의가 되는 수단, 즉 도구로 이해되어야 한다. 믿음은 전기를 전달하는 전깃줄과 같은 역할을 한다. 전깃줄은 전기를 통해 장치를 전원에 연결하듯이, 우리의 의는 하나님의 선물이므로 롬 5:17; 10:3; 빌 3:9, 믿음은 그리스도의 의가 우리에게 주어지는 수단, 즉 전깃줄이다. 결국 우리를 구원하는 것은 우리의 믿음이 아니라 하나님 그분이기 때문에, 이러한 의에 대한 이해는 신학적으로 의미가 있다. 이는 궁극적으로 우리의 믿음이 우리를 구원하는 것이 아니라, 우리의 믿음의 대상이 우리를 구원한다는 또 다른 표현이다. 이러한 관점에서 보면, 전가의 개념은 타당한 의미를 가진다. 그 이유는 우리가 잘못된 대상을 믿으면 우리의 믿음은 쓸모없고 헛된 것이라는 것을 모두가 잘 알고 있기 때문이다. 따라서 우리의 믿음이 우리를 그리스도와 연합시키기에, 바로 그것이 우리를 구원한다.

앞서 언급했던 구절, 고린도후서 5장 21절로 돌아가서 전가의 의미를 생각해 볼 필요가 있다. "하나님이 죄를 알지도 못하신 이를 우리를 대신하여 죄로 삼으신 것은 우리로 하여금 그 안에서 하나님의 의가 되게 하려 하심이라." 여기서 나타나는 위대한 교환은 바로 전가의 개념을 가리킨다. 그러나 바울은 그리스도의 의가 아니라 하나님의 의를 언급한다. 이러한 관찰은 분명히 옳지만, 하나님의 의가 "그 안에서", 즉 그리스도 안에서 우리의 의가 된다는 사실을 놓치지 말아야 한다. 하나님의 의는 그리스도의 십자가를 통해, 우리를 위해 죄가 되신 이를 통해 우리에게 주어진다. 그리스도께서 십자가에서 우리의 죄를 짊어지셨기 때문에, 우리가 그리스도와 연합할 때 하나님의 의를 얻는다. 이것이 『디오그네투스 서신』[9:2-5]에서 아름답게 설명된 위대한 교환과 동일한 개념이다.

결론

이 장에서는 칭의에 대한 바울의 가르침을 살펴보았으며 칭의 교리가 바울 신학에서 중요한 역할을 한다는 것을 논의하였다. 칭의는 행위나 인간의 순종, 심지어 율법의 행위를 통해 얻을 수 없다. 모든 사람이 예외 없이 죄인이기 때문이다. 아브라함의 경우에서 명확히 드러나듯이, 하나님과 의롭게 되는 칭의는 믿음에 의한 것이며, 특히 예수 그리스도를 믿는 믿음이다. 칭의는 법정적으로 정의되어야 하며, 이는 동사 자체가 법정에서 무죄 판결을 받고 의롭다고 선언되는 의미에서 유래한다. 신자에게 속한 의는 전가된 것이며, 이는 그리스도를 신뢰하는 사람들에게 인정되는 것이다. 그들은 예수 그리스도와 연합함으로 그분의 모든 것이 이제 그들의 것이 되었기 때문에 의롭다. 그리스도께서는 우리가 마땅히 받아야 할 형벌을 받으셨고, 그 결과 우리는 그분의 의를 받아 그분 앞에 거룩하고 흠 없이 설 수 있다.

Justification

5

바울 서신을 제외한 신약 성경에서의 칭의

이 장에서는 사도행전, 일반 서신, 요한계시록을 포함한 신약 성경의 나머지 부분에서 이신칭의를 살펴볼 것이다. 바울 서신에서 볼 수 있는 것과 같은 칭의에 대한 초점을 발견하지 못한다는 것은 잘 알려져 있지만, 이 책은 칭의를 단어 연구 접근 방식에만 제한하지 않으며, 단어가 없을 때에도 개념이 존재한다는 주제를 발전시킨다. 더 넓은 관점에서 보면, 칭의 개념은 생각보다 훨씬 더 광범위하게 존재한다는 것을 알 수 있다. 언급된 내용이 흩어져 있는 특성을 고려해서 각 묶음에 따라 논의를 진행하며, 야고보서를 마지막으로 다룰 것이다.

사도행전

　사도행전에서는 칭의가 전면에 거의 등장하지 않고 중심에 있지 않지만, 구원은 믿음으로 얻는다는 점이 자주 강조된다[행 3:16; 4:4, 32; 8:12, 13; 9:42; 10:43; 11:17, 21; 13:12, 39, 41, 48; 14:1, 9, 23, 27; 15:7, 9, 11; 16:31, 34; 17:12, 34; 18:8, 27; 19:2, 4, 9, 18; 20:21; 21:20, 25; 22:19; 24:24; 26:18; 28:24]. 동시에 이 메시지를 듣는 사람들은 주님께 돌아와 회개하도록 부름을 받았다[행 2:38; 3:19; 8:22; 14:15; 15:19; 17:30; 26:18, 20; 28:27]. 믿음과 회개는 동전의 양면과 같으므로 믿음을 회개보다 우선해서는 안 된다. 사도행전에서 회개와 관련된 단어는 약 20회 등장하지만 믿음과 관련된 단어는 50회 이상 등장하므로 사도행전의 강조점은 분명히 믿음에 있다. 또한 사도행전에 그리스도인이 "신자들"(또는 "믿은 자들")로 여러 차례 언급된다는 것을 보면[행 2:44; 4:4, 32; 5:14; 10:45; 15:5; 19:18; 21:20; 22:19], 믿음이 그리스도인을 특징지으며 믿음에 대한 초점은 더욱 분명해진다. 믿음과 믿는 것의 중요성은 의가 오직 믿음으로 얻는다는 바울의 주장과 일치한다.

　몇 가지 본문을 간략하게 살펴보자. 사도행전 8장 12절에서는 사마리아 사람들이 빌립이 "하나님 나라와 및 예수 그리스도의 이름에 관하여 전도함"을 믿었다는 것을 알 수 있다. 따라서 그들의 신뢰와 믿음은 특히 예수 그리스도에 대한 것이었다. 또 다른 인상적인 본문은 베드로가 고넬료와 그의 친구들에게 설교하는 사도행전 10장 43절이다. 베드로는 설교를 마무리하면서 "그를 믿는 사람들이 다 … 죄 사함을 받는다"라고 선언한다. 여기서 믿음의 대상은 예수 그리스도이지만, 믿는 자들이 죄 사함을 받는다는 점도 강조한다. 비록 "칭의"라는 용어는 사용되지 않지만, 바울은 로마서 4장 2-8절^{참조. 골 2:14}에서 칭의와 죄 사함을 밀접하게 연결시킨다. 죄 사함이란 지은 죄가 더 이상 불리하게 작용하지 않고, 죄가 용서되고 잊혀진다는 것을 의미하기 때문이다. 그러므로 '믿는 자가 용서받는다'라고 말하는 것은 칭의가 믿음에 의한 것이라고 말하는 것과 매우 유사하다. 실제로, 베드로는 고넬료와 그의 이방인 친구들에게 하나님의 율법을 지키거나 도덕적 미덕을 추구하라고 권면하지 않고, 죄 사함을 받으라고 권한다. 전체 서술^{사도행전 10:1-11:18}에서 유대인들이 이방인들이 토라를 지키지 않고도 성령을 받았다는 매우 놀란 점도 주목할 만하다.

또 다른 중요한 본문은 사도행전 15장 7-11절이다. 여기서 교회는 예루살렘에서 공의회를 소집하여 이방인들이 구원을 받기 위해 율법을 지키고 할례를 받아야 하는지를 결정했다^{행 15:1, 5}. 구약 성경은 언약 백성에 속하기 위해 할례를 받아야 한다는 점을 분명히 한다^{창 17:9-14; 출 4:24-26; 레 12:3}. 그렇다면 문제는 하나님의 백성의 일원이 되기 위해 토라, 즉 구약 율법을 지켜야 하는지 여부였다. 사도행전 15장 7-11절에서 베드로는 약 10년 전에 있었던 고넬료와 그의 친구들을 방문했을 때를 회상하며, 하나님께서 유대인들에게 부어주신 것과 같은 방법으로 이방인들에게도 성령을 부어주셨음을 기억했다. 베드로는 주님께서 "믿음으로 그들의 마음을 깨끗이 하사"라고 선언한다^{행 15:9}. 실제로 율법 준수를 명령하는 것은 유대인들이 과거와 현재에 지킬 수 없었던 "멍에"

를 이방인에게 지우는 것과 같다고 말한다^{행 15:10}. 베드로는 인간이 율법을 지킬 수 없기 때문에 율법을 통해 구원이 오지 않는다는 바울의 주장에 동의한다. 사람들은 구원을 얻기 위해 율법을 지키는 대신 "주 예수의 은혜로" 새 생명을 얻는다^{행 15:11}. 여기서 우리는 칭의에 대한 바울의 이해와 매우 유사함을 알 수 있다. 인간은 죄인이기 때문에 율법을 지킴으로써 구원을 얻을 수 없다. 대신 베드로는 "믿음"과 "은혜"를 구원의 길로 함께 언급한다. 믿음과 신뢰는 스스로에게서 하나님께 눈을 돌린다. 인간의 능력보다는 하나님의 능력과 자비를 바라보기 때문에 믿음에 의한 구원은 은혜와 일치한다. 이 공식은 에베소서 2장 8절에서 바울이 구원은 믿음으로 은혜를 통해 얻는다고 확언한 것과 매우 유사하다. 또한 베드로는 구원을 위해 할례와 율법이 요구되지 않는다고 분명히 가르치고 있으므로 문맥을 떠올려야 한다. 대신 구원은 인간이 예수님을 믿을 때 은혜로 이루어진다.

사도행전에서 마지막으로 살펴볼 구절은 비시디아 안디옥에서 바울이 회당에서 행한 설교의 마지막 부분이다^{행 13:38~39}. 이는 누가가 바울이 회당에서 행한 설교의 개요를 재현한 유일한 경우이며, 아마도 바울이 회당에서 일반적으로 설교한 내용을 대표하기 때문에 포함되었을 것이다. 우리는 또한 사도행전 2장에 기록된 베드로의 오순절 설교와 사도행전 13장에 기록된 바울의 회당 설교의 내용이 놀랍도록 유사하다는 점에 주목해야 한다. 누가는 베드로와 바울이 동일한 복음을 전했다는 사실을 강조하기 위해 두 설교를 모두 포함시켰을 가능성이 있다.

그러나 두 설교의 모든 공통점에도 사도행전 13장 38-39절에서는 독특한 요소가 나타난다. "그러므로 형제들아 너희가 알 것은 이 사람을 힘입어 죄 사함을 너희에게 전하는 이것이며 또 모세의 율법으로 너희가 의롭다 하심을 얻지 못하던 모든 일에도 이 사람을 힘입어 믿는 자마다 의롭다 하심을 얻는 이것이라." 우리는 칭의에 대해 말하는 바울의 특징적인 표현을 볼 수 있다. 또한 죄 사함과 칭의가 밀접하게 연관되어 있음을 알 수 있으며, 죄 사함이 칭의를 설명하는 또 다른 방식임을 다시 한 번 시사한다. 더 나아가 죄 사함과 칭의는 모세의 율법이 아니라 믿음과 신뢰에서 비롯된다. 바울은 토라를 통해 죄 사함과 칭의를 얻을 수 있다는 개념을 명백히 거부한다. 그 대신 율법은 인간의 죄를 드러내어 아무도 그 명령을 지킬 수 없음을 보여 주었기 때문에 심판으로 이어졌음을 강조한다. 바울은 율법이 아닌 믿음으로 의롭다 함을 얻는다는 놀라운 말씀을 전한다. 따라서 사도행전은 "칭의"라는 용어에 초점을 맞추지는 않지만, 이야기의 중요한 지점에서 바울과 매우 유사하게 들린다. 구원은 율법이 아닌 믿음을 통해 은혜로 이루어진다. 토라를 지키려는 자들이 아닌, 믿는 자들이 구원을 받는다.

히브리서

히브리서는 칭의를 적어도 동사 형태로 명시적으로 언급하지 않는다. 하지만 이 서신의 내용은 바울의 칭의 신학과 잘 맞아떨어진다. 히브리서에서 강화discourse의 영역은 약간 다르지만, 저자는 레위 계열의 제사장직과 율법이 완전함을 가져다주지 못했다고 주장한다히 7:11-12,

18-19. 이로 인해 저자는 율법과 제사장직이 하나님께 나아감을 주지 못했음을 시사한다. 구약의 제사들과 대조적으로 예수님의 단 한 번의 제사는 효과적이었고[히 9:11-28], 죄 사함을 보장했다.

구약의 제사장들은 서서 동일한 제사를 반복해서 드렸지만, 예수님은 단 한 번의 제사를 드린 후 하나님의 우편에 앉으셔서[히 10:1-18] 신자들이 담대히 하나님의 임재 앞에 나아갈 수 있도록 하셨다. 히브리서 저자가 좋아하는 단어 중 하나는 "더 나은"이라는 표현이다. 예수님에게는 "더 나은 소망"[히 7:19], "더 나은 언약"[히 7:22; 참조. 8:6], "더 나은 제사"[히 9:23]가 있으므로 신자들은 "더 나은 소유"[히 10:34]와 "더 나은 본향"[히 11:16]을 기대한다. 옛 언약은 지나갔고 새 언약이 도래했다[히 8:7-13; 10:15-18]. 이 새 언약은 옛 언약 아래에서는 완전하고 확실하게 성취되지 못했던 죄의 용서를 가져온다.

히브리서의 저자는 '칭의'라는 단어에 중점을 두지는 않지만, 언약에 대한 그의 견해와 죄 사함이 그리스도의 죽음을 통해 이루어진다는 주장은 바울의 주제와 일치한다. 실제로 바울이 히브리서를 쓰지 않았을 가능성이 크지만, 해석 역사에서 히브리서를 바울 서신에 포함시킨 이유를 신학적으로 알 수 있다. 히브리서 저자는 점진적 성화 대신 결정적 성화의 관점에서 "성화"라는 용어를 사용한다는 사실을 조금 더 확장해서 볼 수 있다. 다시 말해, 신자들은 이미 거룩한 영역에 있으며, 그들은 하나님 앞에서 거룩한 위치에 있다. 따라서 저자는 신자들이 "예수 그리스도의 몸을 단번에 드리심으로 말미암아 우리가 거룩함을 얻었노라"라고 말할 수 있다[히 10:10].[53] 그들은 자신의 경건함과 덕 때문이 아니라 그리스도의 제사로 거룩한 영역에 있다. 마찬가지로, 그는 그리스도의 피, 즉 그의 죽음이 신자들을 거룩하게 했다고 주장한다[히 10:29; 13:12]. 히브리서에서 성전과 제사의 언어가 지배적이라는 점을 고려하면, 칭의 대신 성화라는 은유를 선호하는 것이 이해될 수 있다. 그러나 그 개념은 그리스도의 사역을 통해 신자에게 주어지며, 그리스도 안에서 완전하고 완성된 것이라는 점에서 본질적으로 바울의 칭의 신학과 같다.

히브리서 저자와 바울 사이의 또 다른 흥미로운 유사성은 히브리서에서 믿음의 중심성을 고려할 때 나타난다. 히브리서 저자도 바울[롬 1:17; 갈 3:11]과 마찬가지로 하박국 2장 4절을 인용하고 있기 때문에 더욱 의미가 깊다. "나의 의인은 믿음으로 말미암아 살리라"[히 10:38]. 여기서 우리는 의로움과 믿음 사이의 구체적인 연관성을 발견할 수 있으며, 특히 십자가가 구원을 이룬다는 사실을 상기할 때, 그 의미는 바울의 것과 매우 유사하다고 볼 수 있다. 의는 주님을 신뢰하고, 그분을 의지하는 자의 것이다.

---

53 ESV 성경은 히브리서 10:14에서 현재분사 τοὺς ἁγιαζομένους, 투스 하기아조메누스를 점진적으로 번역하여 "거룩하게 되고 있는 자들"로 해석하지만, CSB 성경의 해석인 "거룩하게 된 자들"(개역개정)이 이 구절에서는 더 적합하다. 두 경우(10:10과 10:14) 모두 저자는 결정적 성화, 즉 한 번에 이루어지는 성화를 염두에 두고 있다.

믿음으로 의롭게 된다는 언급은 히브리서 11장에서 저자가 믿음에 관한 유명한 장으로 넘어가는 중요한 위치에 놓여 있다. 믿음은 히브리서에서 사소한 주제로 치부할 수 없는 중요한 주제라고 할 수 있다. 실제로 믿음을 행하는 사람은 하나님의 증거를 받는다히 11:2, 4, 39. 여기서 사용된 "증거를 받다"μαρτυρέω, 마르튀레오는 "의롭다"와 동의어는 아니지만, 증언과 증인이 있는 법정에서 유래한 단어이므로 "증거를 받다"는 법적인 성격을 띠고 있다. 우리는 또 다른 단계를 밟아갈 수 있는데, 아벨의 경우 "의롭다"δίκαιος, 디카이오스. 히 11:4라고 증언을 받았기 때문에 한 걸음 더 나아갈 수 있다. 아벨이 드린 예물 때문에 의롭다고 말할 수도 있지만, 저자는 아벨이 행한 모든 선행의 기초이자 뿌리는 믿음이었다고 말하며 그의 믿음을 강조한다. 우리는 또한 노아가 방주를 지을 때, "믿음을 따르는 의의 상속자가 되었느니라"히 11:7라는 말씀을 듣는다. 신앙과 순종 사이의 관계를 끊고 순종이 중요하지 않은 것처럼 생각하는 것은 분명 실수이다. 그러나 저자는 노아의 삶을 이끄는 동기이자 순종의 원천인 믿음에 초점을 맞춘다. 그는 믿음과 행위를 바울처럼 대조하지는 않지만, 그의 수신자들이 로마서, 갈라디아서, 빌립보서에서 직면한 상황과는 다른 독특한 상황을 다루고 있다는 사실을 인식해야 한다. 바울도 선행이 믿음에서 나온다는 것에 동의하면서 선행을 소중히 여겼음을 곧 알 것이다. 히브리서에서 볼 수 있는 것은 하나님과의 올바른 관계는 믿음에서 비롯된다는 점이며, 이 점에서 히브리서는 바울의 견해와 매우 유사하다.

저자는 믿음이 없이는 하나님을 기쁘시게 할 수 없다고 주장하기 때문에 믿음의 중심성이 두드러진다^{히 11:6}. 또 다른 흥미로운 연결성도 주목할 필요가 있다. 히브리서 11장에 언급된 많은 인물에 대한 구약 성경의 기록을 읽어보면, 아벨, 에녹, 노아, 아브라함, 사라와 다른 인물의 순종을 강조하는 구약 성경적인 문맥의 내러티브가 나온다. 그러나 히브리서의 저자는 이 모든 위대한 인물들의 순종의 뿌리에 대한 흥미로운 시각을 제공한다. 이 모든 경우 그들의 구체적인 순종 행위는 그들의 믿음에서 비롯되었다고 말한다^{히 11:4, 5, 7, 8, 9, 11, 17, 20, 21, 22, 23, 24, 27, 28, 29, 30, 31, 33}. 예를 들어 아브라함은 고향을 떠나 약속의 땅으로 떠날 때 "믿음으로 순종"했다^{히 11:8}. 창세기 12장은 아브라함의 믿음에 대해 아무것도 언급하지 않으며, 주님의 명령에 순종한 그의 행위를 강조하고 있다. 그러나 히브리서 저자는 순종의 뿌리, 즉 희생적 행위를 지속시킨 동기를 고려한다^{참조. 11:17}. 히브리서 11장이 계속해서 증명하듯이 순종은 믿음, 하나님에 대한 신뢰, 그분의 약속과 임재에 대한 의존에서 비롯된다. 다시 말하지만, 바울과의 연관성은 명백하다. 순종이 없는 참된 믿음은 없지만, 하나님을 기쁘시게 하는 순종은 하나님께서 "자기를 찾는 자들에게 상 주시는"^{히 11:6} 것을 믿는 믿음에서 흘러나온다.

베드로전후서, 유다서

이 서신서들에서 칭의는 주요 주제가 아니지만, 구원이 하나님의 역사라는 개념에 일치하는 방식으로 하나님의 은혜가 특징적으로 나타난다. 하나님께서 신자들을 미리 아시고 선택하셨으며, 신자들이 거룩한 영역에 위치하는 결정적 성화는 성령의 역사에서 비롯된다[벧전 1:1-2; 2:9]. 이와 같은 맥락에서 신자들은 하나님의 자비로 거듭났으며, 더럽혀질 수 없는 유업을 받을 자격이 있다[벧전 1:3-5; 2:10]. 죄의 용서, 즉 영혼의 영적 치유는 그리스도께서 자기 백성의 죄를 짊어지고 나무에 달려 죽으신 사건[참조. 신 21:23]에서 비롯된다[벧전 2:23-24]. 베드로는 주의 종이 자기 백성의 영적 상처와 질고를 짊어지는 이사야 53장을 인용한다[사 53:4, 12]. 또한 주목할 만한 본문은 베드로전서 3장 18절이다. 여기에서 의의 용어가 사용된다. "그리스도께서도 단번에 죄를 위하여 죽으사 의인으로서 불의한 자를 대신하셨으니 이는 우리를 하나님 앞으로 인도하려 하심이라." 이 구절은 의롭고 거룩하신 그리스도께서 불의한 자들을 대신하여 그들의 죄를 짊어지고 죽으셨다는 대속의 개념을 분명히 드러낸다. 본문은 신자들이 예수님의 십자가 사역으로 죄가 용서를 받고 의롭게 되었다고 가르친다.

베드로후서는 짧은 서신이지만, 첫 부분에서 신자들이 "우리 하나님과 구주 예수 그리스도의 의를 힘입어 동일하게 보배로운 믿음"을 받았음을 밝힌다[벧후 1:1]. 여기서 "의"는 바울과 마찬가지로 하나님의 구원하시는 의, 즉 예수 그리스도를 통해 성취된 구원을 가리킨다. 베드로는 바울처럼, 이 의가 믿음을 통해 우리의 것이 된다고 강조한다.

반면, 유다서는 칭의를 직접적으로 언급하지 않으며, 서신의 간결함과 상황적 특성을 고려할 때 이는 놀랍지 않다. 그럼에도 이 서신은 그리스도 안에서 하나님의 사역으로 시작되고 마무리된다. 신자들은 하나님 아버지와 예수 그리스도에 의해 부름받고, 사랑받으며, 지켜진다유 1절. 이 서신은 예수 그리스도를 통해 구원자이신 하나님께서 마지막 날까지 그들을 보존하시며, 심판의 날에 그들을 하나님 앞에 흠 없이 기쁘게 서게 하실 것이라는 약속으로 마무리된다유 24-25절. 칭의는 언급되지 않지만, 신자들이 하나님의 임재 앞에서 누리는 것은 하나님의 은혜와 지키시는 능력, 그분의 구원 사역에 달려 있다. 베드로전후서와 유다서를 전체적으로 고려했을 때, 구원은 전적으로 주님의 것이며, 인간의 선함에 돌릴 수 없는 그분의 사역에 기인한다고 올바르게 말할 수 있다. 이러한 점에서 이 서신들은 바울의 가르침과 양립할 수 있다.

요한 서신

요한 서신에도 칭의라는 용어는 등장하지 않지만, 요한일서에 담긴 메시지는 바울 서신에서 발견되는 내용과 놀라울 정도로 일치한다. 신자들은 "그 아들 예수의 피가 우리를 모든 죄에서 깨끗하게 하실 것"요일 1:7이기 때문에 하나님과 예수 그리스도 그리고 서로 간의 사귐을 누린다. "칭의"라는 용어는 없지만, 요한일서 1장 9절에서 2장 2절까지의 내용은 매우 유사하다. 신자들은 자신의 덕이나 공로로 구원을 받는 것이 아니라, "만일 우리가 우리 죄를 자백하면 그는 미쁘시고 의로우사 우리 죄를 사하시며 우리를 모든 불의에서 깨끗하게 하실 것"이다요일 1:9. 앞서 바울의 견해를 논의할 때 언급했듯이, 이것은 칭의를 다른 방식으로 표현한 것이라 할 수 있다. 실제로 신자들은 "모든 불의"πάσης ἀδικίας, 파세스 아디키아스에서 깨끗함을 받는다. 이러한 정결과 깨끗함, 그리고 용서는 어떻게 이루어지는가? 요한은 요한일서 2장 1-2절에서 그 답을 제시한다. "의로우신" 예수δίκαιον, 디카이온가 우리의 변호자 역할을 하시며, 그분은 우리가 지은 죄를 위한 속죄제물, 곧 화목제물ἱλασμός, 힐라스모스이시다. 의로우신 분이 경건하지 않은 자들의 죄 사함을 위하여 속죄제물로 죽으셨다는 이 개념은 바울과의 병행이 매우 인상적이다참조. 롬 3:24-26.

또한 하나님께서 아들을 보내신 목적은 죽음의 영역에 있는 자들에게 생명을 주기 위함이었다요일 4:9. 이 죽음은 우리의 죄요일 4:10, 즉, 인간 존재를 특징짓는 불순종과 불법에 기인한다요일 3:4. 예수님은 죄를 제거하고요일 3:5, "마귀의 일을 멸하려"요일 3:8 오셨으며, 요한은 속죄와 화목의 사역을 통해 우리의 죄가 제거된다는 개념을 다시 한 번 강조한다요일 4:10. "아버지가 그 아들을 세상의 구주로 보내셨기 때문에"요일 4:14, 구원은 우리에게서 나오는 것이 아님을 분명히 한다. 신자들은 평온과 확신 속에서 두려움에서 자유롭고요일 4:17 "온전한 사랑이 두려움을 내쫓는다"는 사실을 확신하며, 마지막 날의 형벌을 피할 수 있다요일 4:18. 이러한 담대함은 우리가 행하거나 성취한 것에서 오는 것이 아니라 "우리가 사랑함은 그가 먼저 우리를 사랑하셨기" 때문이다요일 4:19. 이 모든 내용은 요한이 이 편지를 쓴 목적에 부합한다. 요한은 독자들이 아들에게 속해 있기 때문에요일 5:12 그들이 영생을 소유했음을 확신할 수 있도록 글을 썼다요일 5:13. 심판의 날에 대한 이러한 확신과 기쁨은 바울의 칭의에 대한 가르침과 일치하지만, 요한은 이를 자신만의 독특한 방식으로 표현하고 있다.

요한계시록

요한계시록은 칭의를 깊이 있게 다루지는 않지만 최종적인 보상을 얻기 위한 인내의 필요성을 강조한다. 그러나 내러티브 속에서 구원을 위한 십자가의 중심성은 강력하게 다가온다. 예를 들어, 처음의 은혜와 평강의 소원계 1:4-6에서 죄가 인간을 괴롭히고 노예를 만들지만 신자들은 "그의 피로" 자유 또는 해방을 얻었음을 알 수 있다계 1:5. 칭의에 대한 법적 용어는 없지만, 죄의 속박으로부터 자유가 그리스도의 죽음을 통해 성취되었다는 점은 분명하다. 요한은 이 진리가 신자들의 삶에 얼마나 근본적이고 중요한지를 강조하기 위해 이 진리를 책의 서두에 배치했다.

요한계시록의 내러티브 전개, 즉 책의 구조는 요한계시록의 메시지를 해석하는 데 결정적인 역할을 한다. 요한계시록 1장에서는 그리스도의 계획과 관련된 환상, 요한계시록 2-3장에서는 교회들에 대한 메시지, 요한계시록 4-5장에서는 보좌 환상이 이어진다. 요한계시록 4

장은 요한이 하늘로 옮겨지는 장면으로 시작되며, 보좌에서 하나님의 임재를 지키고 모든 피조물을 감독하는 이상한 천상의 생물들과 함께 보좌에 거대한 천둥 번개가 치는 장면으로 묘사된다. 요한은 온 우주를 다스리는 주권적 창조주이자 군주로서 영광스럽고 형언할 수 없는 주님이 보좌에 앉아 계신 것을 본다. 하나님은 요한계시록 5장에서 일곱 개 인이 있는 두루마리를 손에 들고 보좌에 앉아 계시며, 요한은 아무도 그 두루마리를 열고 그 내용을 밝힐 수 없다는 이유로 운다. 이 두루마리가 열리는 것은 역사와 인간을 향한 하나님의 계획이 담겨 있기 때문에 매우 중요하다. "유다 지파의 사자 다윗의 뿌리" 외에는 모든 피조물 중 누구도 두루마리를 펼칠 수 없다계 5:5. 그는 하나님의 언약을 성취하는 다윗의 메시아로서 그 두루마리를 펼칠 수 있다. 요한은 사자와 다윗의 후손에 대한 이야기를 듣지만, 그가 바라본 것은 죽임을 당한 어린 양이 서 있는 모습이다계 5:6. 어린 양의 이미지는 사자와 같은 힘이 아니라 어린 양과 같은 희생을 통해, 적을 멸망시키는 것이 아니라 고난과 죽음을 통해 적에 대해서 승리했음을 보여준다. 어린 양의 죽임은 "각 족속과 방언과 백성과 나라 가운데에서 사람들을 피로 사서 하나님께 드리셨기"계 5:9 때문에 역사의 열쇠를 상징한다. 우리는 또한 이 내러티브에서 인류의 승리, 즉 그들이 제사장과 왕으로 기능할 수 있는 수단이 그리스도의 죽음에 있음을 본다계 5:10; 참조. 1:6.

요한계시록 7장 9-17절에서 요한은 흰 두루마리와 종려가지를 든 셀 수 없는 큰 무리를 본다. 환상이 끝날 때, 그들은 배고픔도 목마름도 없고, 더위도 없는 새로운 창조물인 하나님의 성전에 거주하고 있다. "큰 환난"[계 7:14]에서 나왔고, 그들의 눈에서 모든 눈물이 사라졌다. 하지만 이 셀 수 없는 큰 무리에게 주어지는 큰 보상과 복은 어떤 이유에서일까? 그들이 새 창조에 포함된 이유는 무엇일까? 근본적인 대답은 요한계시록 7장 14절에서 찾을 수 있다. "어린 양의 피에 그 옷을 씻어 희게 하였느니라." 요한은 "칭의"라는 용어를 사용하지 않지만, 새로운 창조에 들어가는 이들은 그리스도의 보혈로 죄가 깨끗해졌기 때문에 포함된 것이며, 이는 그들의 선함이 그들이 포함되는 근거가 아님을 강조한다.

가장 흥미로운 기록은 요한계시록 12장에서 발견할 수 있다. 하늘에 두 가지 놀라운 이적이 나타났는데, 처음에는 영광스러운 여자가, 그다음에는 무시무시한 용이 나타났다. 이야기가 전개되면서 여자는 하나님의 백성을 상징하고 용은 사탄을 상징한다는 것이 분명해진다. 용의 목적은 하나님의 백성을 파괴하고 황폐하게 만드는 것이다. 갑자기 하늘에서 용과 용을 따르는 천사들이 미가엘과 미가엘을 따르는 천사들과 전투를 벌이는 전쟁이 일어난다. 그 결과 용은 하늘에서 쫓겨나 그를 돕는 천사들과 함께 땅으로 던져진다. 용이 하늘에서 쫓겨난 이유는 무엇일까? 요한계시록 12장 11절이 그 열쇠를 제공한다. 성도들은 "어린 양의 피"와 그리스도를 위해 그들의 목숨을 내어놓는 증언과 의지로 용을 "이겼다." 초점은 첫 번째 진리, 즉 신자들은 그리스도의 피로 극복하고 승리한다는 점이다. 요한계시록 12장의 이야기를 주의 깊게 읽으면, 여자의 아이(즉, 그리스도!)가 그의 죽음과 부활을 통해 사탄을 정복하고 세상의 통치자로 높임을 받았기 때문에 용은 하늘에서 쫓겨났다계 12:5. 사탄은 하늘에서 쫓겨났기 때문에 이전에는 더 이상 하나님 앞에서 신자들을 비난할 권리를 갖지 못한다. 이전에는 "우리 하나님 앞에서 밤낮 참소하던 자"계 12:10였지만, 더 이상 하나님 앞에서 신자들을 고발할 위치에 서지 못한다.

우리 주제와의 관련성은 분명해야 한다. 요한은 칭의의 언어를 사용하지 않지만, 용은 하늘에 있는 성도들을 고발하면서 그들이 죄가 있고 하나님의 임재 앞에 나아갈 자격이 없다고 주장하기 때문에, 본문은 법적인 주제로 가득 차 있다. 그러나 어린 양이 성도들을 위해 피를 흘리셨기에 그 고소와 정죄는 더 이상 설 자리가 없다. 마귀는 더 이상 정죄의 근거가 없기 때문에 하늘 법정에서 간단히 기각되었다. 요한의 이야기는 바울의 "그러므로 이제 그리스도 예수 안에 있는 자에게는 결코 정죄함이 없다"롬 8:1라는 주장을 표현하는 또 다른 방식이다. 이 것은 요한이 바울과 같은 방식으로 칭의를 설명한다는 의미는 아니다. 요한은 자신의 환상의 세계와 독특한 주제와 강조점을 포함한 자신만의 관용구로 신학을 제시한다. 그럼에도 불구하고, 신자들이 더 이상 하나님 앞에서 유죄 판결을 받지 않도록 그리스도의 구속 사역을 통해 죄를 용서받고 구원받는다는 개념은 바울의 가르침을 떠올리게 한다.

야고보서와 행위에 의한 칭의

칭의에 대한 논의는 종교개혁 시대부터 치열하게 진행되어 왔으며, 칭의에 관한 야고보서의 말씀은 바울의 관점과 상당히 다르기 때문에 당연히 관심을 끌었다. 마르틴 루터는 야고보서에 대해 심각한 의구심을 표명한 것으로 유명하지만,[54] 야고보서를 정경에서 삭제하자고 주장하지 않았고, 야고보서에 대한 루터의 이해는 종종 오해를 받기도 한다. 루터에 대해 어떤 평가를 내리든, 야고보서 기록이 칭의에 관한 바울의 가르침과 어떻게 통합되는지 설명해야 한다. 야고보서를 살펴보기 전에 그가 실제로 무엇을 썼는지 떠올려야 한다.

야고보는 행위가 없는 믿음은 아무도 구원할 수 없다고 단언한다[약 2:14]. 행위가 없는 믿음은 "죽은 것"[약 2:17, 26]이고, "헛것"[약 2:20]이다. 마치 의복이나 음식을 필요로 하는 사람들에게 그들의 필요를 채우기 위해 아무 것도 하지 않으면서 그들에게 복을 빌어주는 것은 무의미하다[약 2:15-16]. 야고보는 아브라함[약 2:21]과 라합[약 2:25] 모두 그들의 행위, 즉 아브라함은 이삭을 바치고 라합은 이스라엘 정탐꾼을 환대하고 보호함으로써 의롭다 함을 받았다고 주장한다. 믿음은 행위로 완성되고 실현된다[약 2:22]. 또한 아브라함이 의롭다고 여겨진 것은 그가 행한 행위로 성취되었다.

---

54 Martin Luther, *Word and Sacrament I*, ed. E. Theodore Bachmann, vol. 35 of *Luther's Works* (Philadelphia: Muhlenberg, 1960), 395-97.

역사 비평 학자들은 종종 야고보와 바울이 서로 모순된다고 주장한다.[55] 그들은 우리가 본문을 객관적으로 읽어야 하며, 야고보와 바울이 상반된다고 주장한다. 이 견해를 지지하는 주장은 바울은 행위와 관계 없이 이신칭의를 가르치고, 야고보는 행함이 없는 믿음은 의롭다 함을 받지 못한다고 말한다는 점에서 매우 간단하다. 또한 바울은 창세기 15장 6절을 인용하여 아브라함이 행위가 아니라 믿음으로 의롭다 함을 받았다고 말하지만[롬 4:3; 갈 3:6], 야고보는 같은 구절을 인용하여 행위에 의한 칭의를 지지한다. 또한 로마서 3장 28절은 우리가 오직 믿음으로만 의롭다 함을 받는다고 가르치지만, 야고보는 "사람이 행함으로 의롭다 하심을 받고 믿음으로만은 아니니라"[약 2:24]라고 구체적으로 말한다. 일부 학자들이 야고보와 바울이 서로 모순된다고 생각하는 이유를 이해할 수 있지만, 이 견해를 거부할 만한 충분한 근거가 있다.

야고보서와 바울의 편지는 모두 초대 교회에서 영감을 받고 정경적이라고 인정받았기 때문에, 초대 기독교인들은 이 둘 사이에 모순이 있다고 생각하지 않았다. 역사적인 기독교 견해는 성경은 영감된 하나님의 말씀이며 성경이 가르치는 모든 것이 완전히 진리라는 것이다. 계몽주의 이후 학문은 성경 본문의 모순을 강조하면서 인간 이성에 특권

---

55 예를 들어, 헹엘은 야고보와 바울이 칭의에 대해 모순된 견해를 가지고 있다고 주장한다. Martin Hengel, "Der Jakobusbrief als antipaulinische Polemik," in *Tradition and Interpretation in the New Testament: Essays in Honor of E. Earle Ellis for His 60th Birthday*, ed. Gerald F. Hawthorne with Otto Betz (Grand Rapids, MI: Eerdmans, 1987), 248–65.

Justification

을 부여해왔다. 이러한 해석은 기독교 정통과 상충되며, 성경의 권위와 참됨을 믿는 이들의 철학적 입장과 다른 입장을 대표한다. 그렇다고 정통 신앙을 가진 사람들이 자신의 견해를 뒷받침하는 이유나 증거를 제시하지 않는다는 뜻은 아니다. 이 분명한 모순을 해결하는 세 가지 방법을 제시하고 세 번째 견해의 변형된 주장을 변호하겠다.

어떤 학자들은 야고보가 행위로 구원을 받고[약 2:14] 의롭다 하심을 받는다[약 2:21, 24, 25]라고 말할 때, 구원과 칭의가 구원론적 현실을 의미하지 않는다고 주장한다.[56] 다시 말해, "구원하다"와 "의롭다 하다"라는 용어는 하나님과 올바른 관계, 영생이 걸려 있는 바울 서신에서 가지는 의미와는 매우 다른 의미를 가진다는 것이다. 이러한 해석을 따르면 야고보는 그리스도의 제자로서 열매 맺는 삶을 누리는 것에 대해 이야기한다. 순종하는 삶은 이 땅에서 살아갈 때 기쁨과 성취를 가져다주지만, 오는 시대의 생명에 참여하는 데는 필요하지 않다는 주장이다. 거의 모든 해석가는 이 해석에 심각한 결함이 있고 가능성이 희박하다는 데 동의한다. "구원하다"와 "의롭다 하다" 동사가 이 땅에서 열매 맺는 삶으로 격하되어야 한다는 증거는 없다. 실제로 이 단어들이 바울과 신약 성경의 나머지 부분에서 사용하는 것과 극적으로 다른 의미라고 믿기 어렵다. 이 해석은 특별히 주장된 것이라고 종결지을 수 있다.

---

56 참조. Earl D. Radmacher, "First Response to 'Faith according to the Apostle James' by John F. MacArthur Jr," *Journal of the Evangelical Theological Society* 33 (1990): 35-41.

다음 해석은 훨씬 더 그럴듯하며, 본문에 대한 역사적인 로마 가톨릭의 해석 또는 적어도 종교개혁 이후 지지받은 해석을 대표한다. 해석가들은 바울이 신자는 행위로 의롭게 되지 않는다고 말하는 반면, 야고보는 칭의를 위해서는 행위가 필요하다고 주장할 때 바울과 야고보가 어떻게 일치하는지 설명하려고 한다. 로마 가톨릭은 야고보와 바울이 "행위"라는 용어로 서로 다른 것을 의미한다고 주장하면서 퍼즐을 풀었다. 언뜻 보기에 야고보가 칭의는 믿음으로만 이루어지는 것이 아니라고 분명히 말하기 때문에 로마 가톨릭의 견해가 옳은 것처럼 보인다. 바울이 우리가 행위로 의롭다 함을 받지 않는다고 말할 때, 전통적인 로마 가톨릭의 해석에 따르면 그는 우리가 율법의 행위로 의롭게 되지 않는다는 것을 의미하며, "율법의 행위"는 의식법, 즉 유대인과 이방인을 구분하는 율법을 가리킨다. 반면에, 야고보는 우리가 행위로 의롭다 함을 받는다고 주장할 때 도덕법을 염두에 두고 있다. 로마 가톨릭의 해석에 따르면, 두 저자가 서로 모순되지 않음을 쉽게 알 수 있다. 이 해석에 따르면, 칭의는 우리의 도덕적 행위, 즉 인간의 선과 덕에 근거한다. 바울은 단지 의롭게 되기 위해 의식법을 지킬 필요가 없으며, 음식법과 정결법, 할례와 같은 것은 구원을 위해 의무적으로 지켜야 하는 것이 아니라고 주장할 뿐이다.

오늘날 모든 로마 가톨릭 학자가 이 해석에 동의하는 것은 아니지만, 전형적인 로마 가톨릭 해법은 분명 논리적으로 타당하고 의미가 있다.[57] 현대 로마 가톨릭 교회에는 교회의 공식 교리적 선언을 지지하지 않는 구성원들이 많이 있지만, 그것은 다른 시간과 장소의 이야기이다. 전통적인 로마 가톨릭 해석이 합리적이고 명확함에도 나는 그것이 주해적으로 옳지 않음을 주장하려고 한다. 즉 그들의 본문 해석은 설득력이 없다. 5장에서 다룬 "율법의 행위"에 대한 논의를 되풀이하지 않겠지만, 우리는 바울이 말하는 율법의 행위가 의식법에만 국한될 수 없음을 살펴보았다. 바울이 말하는 율법의 행위는 전체 율법을 가리키며, 따라서 바울이 의식법에만 제한시킨다는 가톨릭의 주장은 설득력이 없다. 설령 율법의 행위가 의식법만을 의미한다고 믿는다 하더라도, 바울은 칭의와 구원이 "행위"로 오지 않는다고 자주 말하고롬 4:2, 4, 6; 9:11, 32; 11:6; 엡 2:9; 딤후 1:9; 딛 3:5, 이 본문에는 율법에 대한 언급이 없기 때문에 로마 가톨릭의 해석에는 또 다른 문제가 있다. 이 구절들에서 "행위"라는 용어는 일반적이며, 영생을 얻기 위해 사람이 할 수 있는 모든 것을 자연스럽게 포함한다. 따라서 바울이 칭의에 대해 말하는 것을 의식법으로만 제한할 근거가 없으며, 로마 가톨릭의 해석은 행위로는 칭의를 얻을 수 없다는 바울의 주장을 설득력 있게 설명하지 못하기 때문에 부족하다는 것을 보여준다.

---

57 참조. Ulrich Wilckens, *Der Brief an die Römer, Teilband 1: Röm 1-5, Evangelisch-Katholischer Kommentar zum Neuen Testament 6/1* (Zurich: Benziger, 1978), 120-21; J. A. Fitzmyer, "Paul's Jewish Background and the Deeds of the Law," in *According to Paul: Studies in the Theology of the Apostle* (New York: Paulist, 1993), 23.

개혁주의 해석자들은 종종 바울과 야고보의 의도를 구별하기 위해 "의롭다 하다"δικαιόω라는 단어에 차이를 둔다. 그들은 바울의 경우 이 단어가 "의롭다고 선언하다"를 의미하는 반면, 야고보의 경우 "의롭다고 보여주다" 또는 "의롭다고 증명하다"를 의미한다고 주장한다.[58] 이 용어에 대해 바울은 신자들의 행위와 별개로 하나님 앞에서 의롭다고 선언받는다고 말하지만, 야고보는 법적 선언을 염두에 두지 않는다. 이 해석에 따르면 야고보서는 "의롭다 하다"는 행위로 의롭다는 것을 보여주거나 입증하거나 증명하여 행위가 칭의의 증거 또는 확증으로 기능한다. 신학적으로 이 해석에 동의하지만 어휘적으로는 설득력이 떨어진다. 야고보서에서 "의롭다 하다"라는 동사가 "증명하다" 또는 "입증하다"를 의미한다는 명확한 증거가 없으며, 앞서 "의롭다 하다"라는 용어의 법적 의미가 우세하다는 것을 보았다. 사실, 야고보서에서는 행위가 하나님 앞에서 사람을 법적으로 정당화하고, 하나님의 법정에서 무죄로 만들기 때문에 이 용어에 대한 법정적 이해가 타당하다. 하지만 성경에서 '의롭다 하다'라는 동사가 일반적으로 사용되는 방식이나 야고보서의 문맥에서 이 동사가 바울과 다른 의미로 사용되는 것을 뒷받침할 명확한 증거가 없다. 이 해결책은 주해적, 어휘적으로 설득력이 없으므로 거부해야 한다.

나는 다른 선택지를 제안하려고 한다. 바울과 야고보가 "행위" 또는

---

58 예를 들어, R. C. Sproul, *Faith Alone: The Evangelical Doctrine of Justification* (Grand Rapids, MI: Baker, 1995), 166.

"의롭게 하다"라는 용어를 같은 의미로 썼을 가능성이 높기 때문이다.[59] 두 저자가 믿음에 대해 무엇을 의미하는지 차이가 있는 것은 아니다. 이에 대해 자세히 설명하기 전에, 우리가 다루고 있는 문제의 해석과 관련된 중요한 특징들을 고려해야 한다. 예를 들어, 서신을 해석할 때는 서신이 다루고 있는 환경과 상황을 인식할 필요가 있다. 서신은 일반적으로 특정한 상황에 대응하는 것이므로 저자가 쓰는 대상이나 교회, 또는 그 교회에 속한 사람의 상황을 파악하는 것은 필수적이다. 바울이 우리가 행위로 의롭다 함을 받지 못한다고 말할 때, 그는 행위에 근거하여 하나님 앞에서 의롭게 설 수 있다는 율법주의에 대응하고 있다. 반면, 야고보가 마지막 날에 행위가 필요하다고 주장할 때, 그는 자유주의나 반율법주의, 즉 우리가 어떻게 사는지는 중요하지 않으며 은혜가 우리를 도덕적 의무에서 해방시킨다는 개념에 대응하고 있다. 바울과 야고보의 특별한 강조점은 각 교회가 처한 상황을 다루기 위해 만들어진 것으로, 그들은 조직신학을 쓴 것이 아니다. 모든 성경에서 조직신학을 도출하는 것은 옳고 좋은 일이지만, 그렇게 할 때 우리는 각 문헌의 역사적, 정경적 맥락에서 해석해야 한다. 이 모든 것은 야고보와 바울 사이에서 느끼는 긴장감이 교회의 상황과 환경에 의해 설명된다는 것을 알려준다.

이것은 다시 바울과 야고보가 가리킨 "믿음"의 의미로 우리를 안내

---

59 참조. Chris Bruno, *Paul vs. James: What We've Been Missing in the Faith and Works Debate* (Chicago: Moody, 2019).

한다. 앞서 바울에 관한 내용에서 언급했듯이, 그는 종종 믿음이 구원한다고 강조하지만, 구원하는 믿음참조. 롬 4:17-25은 아브라함이 주님께서 그의 몸과 사라의 태에 생명을 주실 것을 신뢰한 것처럼, 그리스도 예수 안에 있는 하나님의 약속에 달려 있다. 종교개혁자들이 강조했던 바와 같이, 참된 믿음은 notitia노티티아, 지식, assensus아센수스, 동의, fiducia피두키아, 신뢰를 포함한다. Notitia노티티아는 믿기 위해 알아야 할 것들, 특히 예수님이 죄인들을 위해 십자가에 못 박히시고 죽음에서 부활하셨다는 사실을 아는 것과 관련이 있다. 그러나 이러한 사실을 아는 것만으로는 구원을 가져올 수 없다. 이 진리에 동의assensus하고 실제로 믿어야 한다. 소아마비 백신이 있다는 것을 알면서도 그것을 믿지 않는 사람이 있을 수 있다. 하지만 구원을 얻기 위해서는 동의assensus만으로는 충분하지 않으며 신뢰fiducia도 필요하다. 아마도 신뢰fiducia를 가장 잘 설명하는 단어는 예수 그리스도께 자신을 드리고 구원을 위해 그분께 의지하는 신뢰일 것이다. 바울에게 믿음은 이 세 가지 실재를 모두 포함하며, 특히 예수 그리스도께 맡기는 신뢰fiducia를 강조한다. 야고보서 2장 14-26절을 자세히 살펴보면, 야고보가 단지 지식notitia과 동의assensus로만 구성된 믿음에 대한 견해를 반대하는 것을 알 수 있다. 이 점은 본문을 주의 깊게 읽을 때 분명히 알 수 있다.

　야고보는 2장 14절에서 특정한 종류의 믿음, 즉 행함이 없는 믿음이 구원을 얻을 수 있는지를 묻는다. 그의 대답은 단호하게 "아니요"이다. 그러한 믿음은 구원하거나 의롭게 하는 믿음이 아니기 때문이다.

어떤 식으로든 도움을 주지 않으면서 입게 되고, 먹게 되기를 바란다고 말하면서 그 사람을 돌보는 척하는 것은 현실적이지 않다. 믿음은 행함으로 그 실재와 생명력, 참됨을 보여준다. 소아마비 백신이 정말 효과가 있다고 믿는다면 백신을 맞을 것이다. 야고보서 2장 19절은 야고보가 추구하는 것을 파악하는 데 특히 중요하다. 귀신들도 유일하신 하나님을 믿으며, 신조의 내용에 동의하고, 하나님이 한 분이심을 인정하지만 그들은 "떨고" 있다. 다시 말해, 귀신들은 신뢰fiducia가 부족하며 그들은 하나님께 자신을 맡기거나 의지하지 않는다. 야고보는 믿음으로만 얻는 칭의를 부인하지만약 2:24, 문맥을 자세히 살펴보면 지적인 동의만으로, 단순히 복음의 사실을 믿는 것만으로는 의롭다 함을 받는 사람은 없다는 뜻임을 알 수 있다.

그러므로 행위에 대한 야고보의 주장은 종교개혁자들이 자주 말했던 것과 일치한다. 칭의는 오직 믿음으로 이루어지지만, 참된 믿음은 결코 홀로 있지 않으며 항상 행함을 수반한다. 그러나 그 행위는 믿음의 열매이며, 믿음의 결과이자 결실이다. 따라서, 행위는 칭의의 근거가 아니라 필수적인 열매이다. 야고보가 창세기 15장 6절을 인용하며 아브라함의 행위와 이삭을 바친 사건과 연결시킬 때, 그는 믿음의 생명력과 실재를 강조한다. 믿음이 세상에 나타나고 삶에 변화를 가져올 때 비로소 믿음이 살아있는 것임을 알 수 있다. 라합도 마찬가지이다. 그녀는 정탐꾼을 환대함으로써 믿음의 실재를 증명했다. 칭의와 관련하여 바울과 야고보의 차이점이 분명 존재한다. 야고보는 종말론적 의의 선언, 즉 믿음의 전체 틀을 고려하는 의의 선언에 초점을 맞춘다. 바울은 처음 믿을 때 사람에게 속한 의의 선언을 강조한다. 그러나 바울도 처음 믿을 때의 의의 선언은 종말론적 판결이 미리 선포되는 것이기 때문에, 바울과 야고보의 차이를 과도하게 강조하지 않으려 한다.

바울이 행위를 완전히 배제하기 때문에 야고보와 바울이 칭의에 대해 근본적으로 다른 견해를 제시한다고 말할 수 있지만, 7장에서 바울의 관점에서 믿음의 열매로서 행위를 배제하지 않는다는 점을 보여줄 것이다. 신자는 여전히 죄인이고 하나님은 온전함을 요구하시기 때문에 야고보는 행위를 칭의의 근거로 보지 않는다는 점도 주목해야 한다. 야고보서 2장 10-13절은 매우 중요한 역할을 한다. 그는 율법의 한 부분이라도 지키지 않으면 범법자가 되기 때문에 살인을 저지른 사람이 간음을 하지 않았다고 주장하면서 법정에서 무죄를 선고받을 수 없다고 강조한다. 따라서 신자들은 마지막 심판에서 자비를 얻기 위해 다른 사람들에게 자비를 베풀어야 한다. 야고보는 우리의 행위가 마지막 날에 우리를 변호해 줄 근거가 될 수 없으며 하나님의 임재에 들어가기 위해서는 하나님의 자비와 은혜가 필요하다는 것을 인식하고 있다.

칭의가 행위에 근거를 둘 수 없다는 또 다른 증거는 야고보서의 혀에 대한 논의^{약 3:1-12}에서 찾을 수 있다. 야고보는 "우리가 다 실수가 많으니"^{약 3:2}라고 선언한다. 여기서 "실수하다"^{πταίω, 프타이오}라는 단어는 죄를 의미하며, 야고보는 야고보서 2장 10절에서 율법의 모든 부분을 지키지 못한 사람을 언급할 때 같은 단어를 사용하고 있다. 따라서 "실수하다"는 죄 또는 범죄를 의미하는 것이 분명하다. 또한 야고보는 이 구절에서 1인칭 복수 대명사를 사용하여 자신도 죄에서 면제되지 않는다고 표현한다. 경건한 야고보도 "다 실수가 많은" 사람들 중 하나이다. "다"라는 단어를 사용하기 때문에, 어느 누구도 예외가 될 수 없다. 남성이든 여성이든, 부자이든 가난하든, 교육을 받았든 못 받았든, 인종적 배경과 상관없이 누구도 죄에서 면제된다고 주장할 수 없다. 야고보는 여기서 멈추지 않고 우리가 "여러 가지 방식으로"^{한글 성경은 생략됨} 죄를 짓는다고 말한다. 야고보는 혀를 언급하고 있으므로 우리는 그가 무엇을 의미하는지 이해할 수 있다. 우리는 몇 가지 방식으로 넘어지거나 가끔 실수하는 것이 아니라, 여러 가지 방법으로 자주 실수한다. 칭의에 대한 이 구절의 의미는 다음과 같다. 우리 모두는 죄를 짓기 때문에 칭의는 우리의 행위에 근거를 둘 수 없다. 우리 행위는 우리 믿음의 실재를 보여주지만, 하나님은 온전함을 요구하시며, 우리 모두는 지속적으로 자주 죄를 짓기 때문에 우리의 행위가 칭의의 근거가 될 수 없다.

결론

우리는 이 장에서 칭의가 나머지 서신서나 요한계시록에서 자주 언급되는 주제가 아니라는 것을 살펴보았다. 그러나 칭의에 대한 바울의 가르침과 개념 조화는 매우 놀랍다. 이 저자들은 다양한 방식으로 구원은 그리스도의 십자가, 하나님의 은혜, 그의 부르심과 선택으로 성취된다는 점을 강조한다. 죄 사함은 하나님이 은혜롭고 자비로우시기에 믿는 자에게 주어지는 선물이다. 신약성경에서 "칭의"라는 용어가 항상 사용되는 것은 아니지만, 이 용어가 가르치는 실재는 여러 가지로 표현되며 구원이 주님께 돌려진다는 점에서 조화를 이룬다. 행위로 의롭다 함을 받는다는 야고보의 주장도 오직 믿음으로만 의롭다 함을 받는다는 바울의 가르침과 모순되지 않는다. 바울과 야고보는 모두 믿음이 구원한다고 가르치지만, 구원하는 믿음은 행위로 증명된다. 따라서 행위는 칭의의 근거가 아니다. 인간은 스스로 구원하지 않으며 구원할 수도 없으므로, 인간이 받는 구원에 대한 모든 영광과 찬송과 존귀는 하나님께 속한다.

6
오늘날의 도전

오직 믿음으로만 의롭게 된다는 가르침은 역사적으로, 특히 로마 가톨릭의 도전을 받아왔다. 이 장에서는 두 가지 현대적 도전에 대해 간략히 살펴보려고 한다. 이 책은 분량이 짧기 때문에 이러한 문제를 자세히 다루지는 않을 것이며, 오늘날 대두되고 있는 다른 개념도 고려하지는 않을 것이다. 독자들에게 이러한 다른 선택지들에 대한 감각과 개괄적인 이해를 제공하려는 목적이 있으며, 이 책의 마지막 부분에 있는 참고 문헌을 통해 이러한 문제를 더 심도 있게 검토한 저작을 탐구해보기를 권장한다. 여기서는 현대적 과제를 제시하고 이에 대한 답변을 제공할 것이다. 먼저 바울에 관한 묵시론적 관점을 간략히 살펴본 다음, 바울에 관한 새 관점을 검토할 것이다.

바울에 관한 묵시론적 해석

최근 바울 신학에 큰 영향을 미친 묵시론적 해석은 에른스트 케제만 Ernst Käsemann, 페터 슈툴마허 Peter Stuhlmacher, 크리스티안 베커 J. Christian Beker, 루이스 마틴 J. Louis Martyn, 마르티누스 드 보어 Martinus de Boer, 베벌리 가벤타 Beverly Gaventa, 더글라스 캠벨 Douglas Campbell 등의 학자들에 의해 주도되었다. 묵시론적 해석은 그리스도 예수 안에서 하나님의 구원 역사가 갑작스럽게 역사 속으로 침입했다고 강조한다. 이 관점은 일반적으로 약속과 성취라는 선형적 구속사 패러다임에 회의적이다. 물론 묵시론 학파 내에서도 모든 문제에 대한 의견이 일치하지는 않으며, 여기서는 그 차이점을 분석하거나 그들의 모든 주장을 다루는 것이 목적이 아니다. 대신, 나는 이 주제와 특별히 관련된 몇 가지 요소를 골라 이에 대한 첫 응답을 시도하고자 한다. 우선, 구속사와 묵시론 중 하나를 선택할 필요가 없다는 점을 언급하고 싶다. 성경에는 '이것 아니면 저것'이라는 양자택일의 구도가 아니라 양쪽 모두에 대한 이야기가 존재한다. 우리는 매끄럽고 끊어지지 않는 스토리 라인을 찾기 어렵지만, 구속의 스토리라인은 존재하며, 주님께서는 구원을 가져 오기 위해 예기치 않게 극적으로 역사에 들어오신다.

더글라스 캠벨의 바울 해석은 그가 "칭의 이론"이라고 부르는 것을 거부하면서 관심과 반응을 불러일으켰다.[60] 그러나 개혁주의 해석가들이 말하는 칭의가 무엇을 의미하는지에 대한 캠벨의 설명에는 상당한 약점과 왜곡이 있으며, 그가 비판하는 대부분의 학자들은 그의 설명을 인정하지 않을 것이다. 사실 캠벨 자신의 바울 해석은 설득력이 매우 떨어진다. 예를 들어, 그는 로마서 1장 18절에서 3장 20절 대부분이 바울의 반대자인 유대인 그리스도인의 견해를 반영한 것이며, 바울은 이 구절에서 나타나는 이 "선생"에 대한 견해에 근본적으로 동의하지 않는다고 주장한다. 캠벨에 따르면, 이 "선생"은 보복적인 형벌을 주장하지만 바울은 선생의 견해를 거부한다는 것이다. 캠벨은 로마서 1장 18절에서 3장 20절에서 어떤 부분이 이 선생의 견해인지, 어떤 부분이 바울의 관점을 나타내는지 구별하여 자기 견해를 변호한다. 여기서 캠벨의 주장은 칭의에 대한 그의 해석에서 바울이 보복적 심판을 언급하지 않았다는 그의 주장에 의존하기 때문에 매우 중요하다. 로마서 1-3장에 대한 바울의 해석에서, 바울의 입장과 이른바 '선생'의 견해를 구분하는 기준이 상당히 추측적이어서 그 타당성이 낮다. 캠벨의 해석이 참신하기는 하지만, 그 타당성에 의문을 제기하게 만들고, 이를 지지하는 학자는 지금까지 거의 없다. 그의 해석이 오래 지속될 가능성은 낮다고 예측하는 것이 타당할 것이다.

---

60 특별히 다음을 참조하라. Douglas A. Campbell, *The Deliverance of God: An Apocalyptic Rereading of Justification in Paul* (Grand Rapids, MI: Eerdmans, 2009).

위에서 언급한 것처럼, 캠벨의 해석은 바울 서신에서 보복적 심판이 없다는 그의 견해와 깊이 연관되어 있다. 그의 바울은 "극단적 칼빈주의자"로서, 주님께서 모든 사람에게 자비를 베푸시려는 의지를 가지고 있으며 사랑만 있고 심판은 존재하지 않는다. 이러한 해석은 분명히 낙관적인 전망을 제시하지만, 바울이 종종 최종 심판, 진노, 멸망하는 사람을 언급한다는 점에서 큰 문제에 직면한다예. 롬 1:18; 2:5, 8; 3:5; 4:15; 5:9; 6:16, 21, 23; 고전 1:18; 3:17; 6:9-10; 15:17-18; 고후 2:15; 3:9; 11:15; 갈 1:8-9; 5:2, 4, 21; 엡 2:3; 5:5, 6; 빌 3:19; 골 3:5-6; 살후 1:5-10. 캠벨은 이러한 본문을 회피하려고 시도하지만, 그의 제안이 장기적으로 어떤 영향을 미칠지는 매우 의심스럽다. 바울 서신에서 특정 해석에 맞지 않는 부분을 제거하려는 시도는 해석의 역사에서 반복되어 왔으며, 그러한 시도는 이제 역사적 호기심으로 남아 있다.

변화시키는 의

전통적인 개신교 견해는 의가 법정적인 개념이지만, 묵시론 학파는 하나님의 의를 변화시키는 개념으로 이해한다.[61] 이 해석에 따르면, 신자들은 단순히 의롭다고 선언되는 것이 아니라 하나님의 구원하는 의에 의해 실제로 변화된다는 점에서 의롭게 된다. 이 해석을 변호하는

---

61 참조. Ernst Käsemann, "The Righteousness of God in Paul," in *New Testament Questions of Today*, trans. W. J. Montague (Philadelphia: Fortress, 1969), 168-82; Peter Stuhlmacher, *Biblical Theology of the New Testament*, trans. and ed. Daniel Bailey and Josten Ådna (Grand Rapids, MI: Eerdmans, 2018), 360-76.

몇 가지 주장이 제시된다.

첫째, "하나님의 의"롬 1:17를 변화시키는 것으로 해석하는 이유는 "하나님의 능력"1:16 및 "하나님의 진노"1:18와 병행되기 때문이다. 분명히 하나님의 능력과 진노는 세상에서 활동하며 영향을 미친다. 마찬가지로 하나님의 구원하는 의는 믿는 사람들을 변화시킨다.

둘째, 하나님의 의는 "드러나고"ἀποκαλύπτεται, 아포칼륍테타이. 롬 1:17 "나타났으며"πεφανέρωται, 페파네로타이. 롬 3:21, 이 두 동사는 묵시론적 용어로서 하나님의 의가 역사 속으로 침입하는 것을 묘사한다. 하나님의 능력과 변화시키는 은혜는 그분의 구원 사역에서 드러난다.

셋째, 로마서 5장 19절에 "한 사람이 순종하지 아니함으로 많은 사람이 죄인 된 것 같이 한 사람이 순종하심으로 많은 사람이 의인이 되리라"는 구절이 있다. 이 구절은 신자들이 단순히 법정적으로 의롭다고 선언되는 것이 아니라 의롭게 만들어진다는 의미로 해석된다. 사람들은 아담 안에서 죄인이라고 선언되었을 뿐만 아니라 실제로 아담 안에서 죄인이다. 이 비유에 따르면, 신자들은 아담 안에서 실제 죄인이 되는 것처럼, 그리스도 안에서 실제로 의롭게 된다.

넷째, 로마서 6장 7절은 "이는 죽은 자가 죄에서 벗어나 의롭다 하심을 얻었음이라"라고 말한다. 로마서 6장은 신자들이 그리스도와 함께 죽고 부활한 자로서 새로운 삶을 살아가는 것을 묘사하고 있으므로,

"의롭다 하다"를 법정적인 범주에만 제한할 수 없는 분명한 예가 있다. "벗어나다"라는 번역은 변화가 의도된 것임을 시사한다. 그리스도에게 속한 사람들은 이제 "의의 종"롬 6:18으로서 하나님을 기쁘시게 하는 방식으로 살아간다.

다섯째, 칭의가 그리스도의 죽음과 부활을 통해 우리의 것이 되기 때문에롬 4:25 변화적 견해가 옳다고 생각하는 학자들이 있다. 종종 칭의는 그리스도의 죽음에만 제한되고, 부활은 밀려나 잊혀진다. 그러나 칭의는 그리스도의 죽음과 부활을 떠나서는 현실이 될 수 없다. 부활은 다가올 시대가 현재의 악한 시대에 개입한 사건이며, 하나님께서 그분의 백성에게 은혜를 부어주셨기 때문에 신자들이 새로운 생명을 살아가는 것을 의미한다.

여섯째, 고린도후서 3장 8-9절의 "성령의 직분"3:8과 "의의 직분"3:9이 나란히 언급되며, 이는 변화적 관점을 지지하는 중요한 요소이다. 병행된 두 표현은 의가 성령의 변화와 해방하는 사역을 포함하기 때문에 칭의가 단순히 법정적이 아님을 보여주는 중요한 의미를 지니고 있다. 성령은 생명의 영이며, 신자들을 변화시키고 새롭게 하는 역할을 한다.

변화적 관점에 대한 응답

변화적 해석에 대한 주장은 상당히 인상적이며 많은 사람을 설득했다. 그러나 법정적 해석이 더 타당하다. 4장에서 법정적 해석을 지지하는 이유들을 반복하지 않겠지만, 변화적 해석을 지지하는 논거를 다루고 이에 답변하고자 한다.

첫째, "하나님의 능력"롬 1:16, "하나님의 의"롬 1:17, "하나님의 진노"롬 1:18라는 어구에 나타나는 병행이 주목된다. 그러나 이러한 용어들의 병렬이 하나님의 의가 변화적이라는 것을 입증한다고 결론을 내리는 것은 오류일 수 있다. 세 가지 모두 신적 행위로 보는 것은 이해할 수 있지만, 이로부터 하나님의 의가 변화적이라는 것은 논리적으로나 주해적으로 따를 수 없다. 하나님의 의는 그분 앞에서 신자들에게 무죄를 선언하는 신적 행위를 의미할 수 있으며, 4장에서 논의한 것처럼 의가 법정적 의미를 가진다는 개념을 뒷받침하는 강력한 증거가 있다.

둘째, 두 번째 주장은 첫 번째 주장과 비슷하다. 묵시론 학파는 "드러나다"롬 1:17와 "나타났다"롬 3:21가 신적 행위를 가리킨다고 주장한다. 이 두 동사는 역사를 관통하는 하나님의 묵시적이며 구원적인 일하심을 의미한다. 그러나 첫 번째 주장에 대해 제기된 이의와 동일한 문제가 있다. 그렇다, 하나님의 의는 역사 속에 침투하는 하나님의 활동을 설명하지만, 그 구원하는 의가 법정적 실제라는 데는 문제가 없다. 계시되고 나타난 하나님의 의는 죄인들을 하나님 앞에 의롭다고 선언한다.

셋째, 로마서 5장 19절은 아담 안에 있는 사람은 "죄인이 되고" 그리스도 안에 있는 사람은 "의인이 된다"는 점에서 변화적 해석을 지지하는 것처럼 보인다. 그러나 앞서 살펴본 "되다"$^{καθίστημι,\ 카디스테미}$ 동사는 종종 "임명하다"라는 의미를 가지며, 이는 법정적 의미와 일치한다. 아담과 그리스도는 인류의 언약적 대표자로 임명되었으므로 인간은 아담 안에 있기 때문에 죄인이며, 그리스도 안에 있으면 의인이 된다. 이는 죄나 의의 사실성과 실재를 부정하는 것이 아니라 법정적 의미가 우선이며 기초가 된다는 것을 알아야 한다. 아담과 그리스도는 우리의 언약적 대표자로 임명되었기 때문에 대표성이 실재에 앞선다. 다시 말해, 아담이 우리의 대표자이기 때문에 우리는 죄인이 되고, 그리스도가 언약적 대표로 기능할 때 우리는 의인이 된다. 아담과 그리스도가 모든 인간을 대표하는 두 대표자라는 문맥은 실제로 법정적인 해석을 뒷받침한다. 따라서 본문은 법정적인 의미가 변화적인 의미에 선행하기 때문에 법정적인 이해를 뒷받침한다.

넷째, 로마서 6장 7절은 변화적 해석에 대한 강력한 논거처럼 보이지만, 이에 대해 몇 가지 반론이 가능하다. 동사 $δικαιόω$$^{디카이오오,\ "의롭다\ 하다"}$가 전치사 $ἀπό$$^{아포,\ "로부터"}$와 결합될 때 "해방하다"라는 의미를 가질 수 있지만, 바울이 이 전치사와 함께 "의롭다 하다"를 사용한 경우는 다른 곳에서는 찾아볼 수 없다. 따라서 여기에서 동사의 의미는 다른 경우에서 동사의 의미를 말해주지 않는다. 또 다른 중요한 점은, 단어의 의미는 범위가 다양하고 문맥과 사용 상황에 따라 뉘앙스가 다르거나 다른 의미를 가질 수 있다는 것이다. 단어가 항상 같은 의미를 가지는 것은 아니므로 문맥과 용어의 의미 범위는 단어를 정의하는 데 기본이 된다. 따라서 로마서 6장 7절에서 동사 δικαιόω디카이오오는 그리스도와 연합한 자들이 경험하는 죄에서 자유를 가리키는 것일 수 있다. 결국 의롭다 함을 받은 사람이 변화된다는 사실에 이의를 제기하는 사람은 없다. 우리 앞에 놓인 문제는 바울이 말하는 칭의가 법정적인지 아니면 변화적인지이다. 로마서 6장 7절에서 동사가 변화적 의미를 가진다 하더라도, 바울이 다른 곳에서 이 동사를 사용하는 일반적인 방식과 일치한다고 보기는 어렵다. 이 경우 의미 차이는 전치사로 발생할 수 있다. 내가 말하려고 하는 것은 한 조각으로 파이를 만들 수 없다는 것이다. 우리는 바울이 동사 δικαιόω디카이오오,"의롭다 하다"를 일관되게 법정적으로 사용했다는 확실한 근거를 가지고 있으며, 이 구절의 한 가지 예가 그 주장을 부정하지 않는다. 또한 로마서 6장 7절의 동사 의미도 법정적 의미일 수 있다. 바울은 그리스도와 함께 죽은 자들이 죄에서 무죄 판결을 받았다고 말하는 것일 수 있으며, 이것이 그리스도를 믿는 자에게 실재하는 법정적 현실이 변화의 근거가 되는 것일 수 있다.

　다섯째, 로마서 4장 25절에서 칭의가 그리스도의 죽음과 부활에 근거한다는 사실을 떠올릴 수 있다. 로마서 5장 9-10절에서도 마지막 날에 우리는 하나님의 진노에서 구원을 받을 것이며, "더욱 그의 살아나심으로 말미암아 구원을 받을 것이니라"5:10라는 말씀에서 후자는 분명히 부활을 언급한다. 그렇다, 그리스도의 부활의 능력은 우리가 그분을 믿고 그분의 은혜로 변화될 때 우리 것이 된다. 그러나 이것이 칭의가 변화적이라는 것을 증명하지는 않는다. 사실 그리스도의 죽음과 부활은 의가 우리에게 전가되며, 우리의 새로운 삶이 우리 생명의 기초가 되는 그분의 희생과 생명에 근거한다는 개념과 일치한다. 그리스도의 부활은 그분이 우리 대신 죄의 형벌을 받으셨다는 것을 증명한다. 그리스도께서 죽은 자들 가운데서 일어나지 않았다면, 우리는 그리스도의 죽음이 우리 죄를 제거했다고 생각할 이유가 없었을 것이다. 예수님은 그저 또 하나의 실패한 메시아적 인물이 되었을 것이다. 우리는 예수님의 죽음과 부활, 그분의 희생과 생명을 근거로 하나님 앞에 의롭게 선다.

여섯째, 고린도후서 3장 8-9절에서 "성령의 직분"과 "의의 직분" 사이의 병행은 변화적 견해를 뒷받침하지 않는다. 두 표현이 서로 병행을 이룬다고 해서 그것이 같은 의미라고 생각해서는 안 된다. 두 표현은 밀접하게 관련이 있지만 동의어는 아니다. 다시 한 번 강조하지만, 그리스도에게 속한 자들이 성령으로 변화된다는 것은 사실이지만, 두 표현이 같은 의미라는 것은 주해적으로나 논리적으로 맞지 않다. 실제로 고린도후서 3장 9절에서 "의의 직분"은 "정죄의 직분"과 대조된다. 이 경우 의와 정죄는 명확하게 서로 대조되며 서로 반대되는 개념으로 기능한다. 변화적 견해가 옳다면, "의"는 "의롭게 만들다"를 의미하며, "정죄"는 "악하게 만들다"를 의미한다고 결론지어야 한다. 그러나 하나님은 사람을 악하게 만드는 것이 아니라 불의한 자를 악하다고 선언하기 때문에 이것은 매우 가능성이 낮다. 명사 "의"와 "정죄" 모두 법정적 의미일 가능성이 더 높다. 모세 언약과 그 직분 아래 있는 사람들은 악하다고 선언되고, 새 언약 아래에 있는 자들은 의롭다고 선언된다. 묵시론 관점은 하나님의 은혜의 자유와 그 은혜가 역사 속에서 예상치 못한 놀라운 방식으로 침입한다는 점을 올바르게 강조한다. 하나님의 은혜는 인간의 죄성과 악함과 근본적으로 대조된다. 캠벨도 하나님의 자비의 경이로움을 특징짓는 데 중요한 통찰과 진리를 공유하지만, 그 주제를 지나치게 밀어붙여 바울 신학에서 보복적 심판을 제거한다. 묵시론 학파는 또한 바울의 의가 변화적인 실재라는 결론을 이끌어내는 데 있어 설득력을 얻지 못한다. (4장에서 제시된) 어휘적 증거는 법정적 견해가 더 설득력이 있으며, 그들 자신들의 해석을 변호하기 위해 사용하는 예들도 더 만족스러운 다른 방식으로 설명될 수 있다.

바울에 관한 새 관점

소위 바울에 관한 새 관점은 더 이상 새로운 것이 아니다.[62] 1977년 E. P. 샌더스E. P. Sanders의 책 『바울과 팔레스타인 유대교』가 출판되면서 시작되었다고 할 수 있다. 벌써 40여 년 전의 일이다.[63] 여러 면에서 스탠달Krister Stendahl, 샌더스보다 앞선 인물은 새로운 관점을 예견했거나 아마도 영감

---

62 다음은 여러 측면에서 새 관점에 도전하며 자극적이고 획기적인 연구를 제공한다.

63 E. P. Sanders, *Paul and Palestinian Judaism: A Comparison of Patterns of Religion* (Minneapolis: Fortress, 1977).

을 주었을 것이다. 사실 모든 지지자들이 같은 위치에 서 있지 않기 때문에, 하나의 새 관점이라기보다는 다양한 새 관점들이 존재한다. 가장 저명한 학자들로는 제임스 던[64]과 N. T. 라이트[65]를 들 수 있으며, 복음주의 그룹에서는 라이트가 가장 높은 지위를 차지하고 있다. 다시 한번 말하지만, 여기서 논의하는 것은 전문적인 문제를 깊이 파고드는 것이 아니라 개략적으로 다루는 것이다. 율법의 행위와 같이 이미 논의된 내용이 있으므로 앞서 언급된 내용을 반복하지 않겠지만, 새 관점의 두드러지고 중요한 몇 가지 개념에 대해 논의하고자 한다.

새 관점은 바울 신학의 사회학적 성격을 강조했다. 새 관점에 따르면 바울은 동료 유대인들을 불순종이나 율법주의에 대해 비판하지 않았다. 샌더스를 따르면, 제2성전기 유대인들은 은혜의 신학, 즉 샌더스가 "언약적 율법주의"라고 부르는 신학을 제기했기 때문에, 율법주의는 유대교에서 문제가 되지 않았다. 이러한 이해에 따르면 주께서는 은혜로 이스라엘과 언약을 맺으셨고 율법을 지키는 것은 하나님의 은혜에 대한 응답이었다. 던과 라이트 같은 학자들은 샌더스가 제2성전기 유대교의 본질을 올바르게 설명했다고 생각한다. 던과 라이트에 따르면 바울의 불만은 율법을 불순종할 수 없다거나 사람들이 행위로 의를 이

---

64 예를 들어, James D. G. Dunn, "The New Perspective on Paul," *Bulletin of the John Rylands University Library of Manchester* 65 (1983): 95-122.

65 N. T. Wright, *Justification: God's Plan and Paul's Vision* (Downers Grove, IL: IVP Academic, 2009).

루려 하는 것으로 죄가 있다는 것이 아니다. 대신 그들은 바울 당시 유대인들의 문제는 율법을 사용하여 이방인을 하나님의 백성에서 배제했다는 점이라고 주장한다. 그들의 결점은 율법주의가 아니라 민족주의, 즉 행위로 의를 이루려 한 것이 아니라 민족 중심주의였다. 유대인들의 민족 중심주의는 이방인을 배제하는 것으로 나타났으며, 그들은 이방인들과 유대인들을 구분하는 법인 할례, 안식일, 음식법에 집중했다. 유대인들은 하나님의 은혜를 얻으려는 데 집착한 것이 아니라, 하나님의 백성을 경계 짓는 표지를 사용하여 이방인들을 하나님과의 관계에서 차단하려 했다는 것이다. 근본적인 문제가 유대인의 배타주의였다면, 왜 라이트가 칭의가 본질적으로 구원론이 아닌 교회론, 즉 구원이 아닌 언약 구성원에 대한 문제라고 주장하는지 이해할 수 있다.

많은 새 관점 지지자가 바울을 이해하는 기초로 언약적 율법주의를 사용하기 때문에 언약적 율법주의가 무엇을 의미하는지에 대해 더 깊이 들여다 볼 필요가 있다. 샌더스의 책에는 장점이 있다. 예를 들어, 그는 유대교를 언제 어디서나 율법주의로 묘사하는 왜곡된 시각을 피하는 데 도움을 준다. 우리가 만든 이야기를 유대교에 강제로 집어넣기보다 유대교 자체의 목소리로 듣는 것은 분명히 가치 있는 일이다. 그러나 샌더스의 제2성전기 유대 문헌 해석에 대해 많은 학자가 중요한 반론을 제기했다.[66] 그는 현실이 더 복잡한 상황에서 문헌에서 단일한 내러티브를 찾는 데 너무 열중했을 가능성이 크다. 본문을 살펴보면, 제2성전기 유대교는 한 줄로 깔끔하게 정리할 수 없으며, 율법이 언약의 틀 안에 명확하게 위치하지 않고 은혜에 대한 강조가 사실 부재한 경우도 있다. 또한 적어도 일부 유대인들은 순종으로 자신의 의를 확보하려고 했다는 증거가 있다. 이것은 신약 성경에서도 볼 수 있다.

바리새인과 세리의 비유눅 18:9-14에서 바리새인은 자신의 특별한 순종을 근거로 하나님 앞에 자신을 칭찬한다. 그러한 "율법주의"가 실제로 존재하지 않았고, 아무도 그 문제로 갈등하지 않았으며 보통 일어나는 문제가 아니었다면 예수님이 그러한 "율법주의"에 경고하실 이유가 없었을 것이다. 바울에게도 매우 비슷한 점을 발견할 수 있다. 그는 율법에 대한 순종을 일에 대한 보상으로 생각하는 사람에 대해 반박한다

---

66 예를 들어, Friedrich Avemarie, *Tora und Bund Tora und Leben : Untersuchungen zur Heilsbedeutung der Tora in der frühen rabbinischen Literatur*, Texte und Studien zum antiken Judentum 55 (Tübingen : Mohr Siebeck, 1996) ; Simon Gathercole, *Where Is Boasting? Early Jewish Soteriology and Paul's Response in Romans 1–5* (Grand Rapids, MI : Eerdmans, 2003) ; Andrew A. Das, *Paul, the Law, and the Covenant* (Peabody, MA : Hendrickson, 1998) ; Mark A. Elliott, *The Survivors of Israel : A Reconsideration of the Theology of Pre-Christian Judaism* (Grand Rapids, MI : Eerdmans, 2000) ; D. A. Carson, Peter T. O'Brien, and Mark A. Seifrid, eds., *The Complexities of Second Temple Judaism*, vol. 1 of *Justification and Variegated Nomism* (Grand Rapids, MI : Baker Academic, 2001).

롬 4:4. 이것은 바울이 율법에 대한 순종을 통해 보상을 받을 수 있다고 생각하는 사람들에게 반대하고 있음을 분명히 보여준다.

민족 중심주의에 대한 강조는 율법의 행위와 밀접하게 연결되어 있으며, 앞서 율법의 행위가 율법의 표지들로만 제한될 수 없으며 율법 전체를 고려해야 하므로 "율법의 행위"라는 용어 사용은 경계 표지에 초점을 맞출 수 없다고 주장했다. 그러나 라이트는 칭의가 본질적으로 동료 신자들과 함께 식사 교제를 할 수 있는 언약 공동체의 구성원 자격에 관한 것이라고 지적한다.[67] 그러나 "의롭다 하다"라는 동사를 살펴보면 이러한 해석은 왜곡된 것 같다. 칭의는 근본적으로 수직적이며, 이는 하나님과의 관계와 관련이 있다. 물론 칭의는 언약 공동체의 구성원 자격과 식탁 교제에 대한 함의를 가지고 있지만, 그 초점은 구원론적이며 수직적, 하나님과의 관계에 맞춰져있다.

칭의가 근본적으로 수직적이라는 것은 용어 사용을 보면 분명하다. 예를 들어, 율법을 지키는 자가 "의롭다 하심을 얻을 것"롬 2:13이라고 말할 때, 이는 하나님 앞에 의롭다고 인정받는 문제이지 언약 공동체의 구성원 자격 문제를 직접적으로 언급하는 것은 아니다. 마찬가지로, 율법의 행위를 행하지 않는 사람은 하나님 앞에서 의롭다 하심을

---

67 N. T. Wright, *What Saint Paul Really Said: Was Paul of Tarsus the Real Founder of Christianity?* (Grand Rapids: Eerdmans, 1997), 125; Wright, *Justification*, 132–34.

받지 못한다롬 3:20, 28; 갈 2:16. "그의 앞에"롬 3:20라는 표현은 하나님과의 관계를 염두에 두고 있다. 아브라함의 행위는 "하나님 앞에서"롬 4:2 의롭다 하심을 받을 기준에 부합하지 않았고, 그는 하나님과의 관계에서 의롭다 하심을 받았다롬 4:3. 하나님께서 누군가를 의롭다고 여기시는 것 또는 여기지 않으시는 것은 하나님과의 관계를 강조한다롬 4:3, 6, 9, 11, 22; 갈 3:6. 마찬가지로 하나님께서 경건하지 않은 자를 의롭다 하시는 것 롬 4:5은 분명히 교회 구성원들과의 교제가 아니라 하나님과의 관계에 초점을 맞추고 있다. 이것은 "우리가 믿음으로 의롭다 하심을 받았으니 ... 하나님과 화평을 누리자"롬 5:1라는 주장과 일치하지만, 그 초점은 서로 간의 화평이 아니다. 칭의는 하나님이 택하신 자를 누구도 정죄할 혐의를 제기할 수 없으므로 하나님의 법정에서 의롭게 선다는 것을 의미한다롬 8:33.

고린도후서 5장 21절에서 그리스도는 신자들이 하나님의 의를 누릴 수 있도록 죽으셨으며, 의는 속죄에 근거를 둔다참조. 롬 3:21-26. 이것은 하나님과의 관계가 의도되었음을 보여 준다. 의가 율법에서 온다면 그리스도께서 헛되이 죽으셨다는 갈라디아서 2장 21절은 칭의의 구원적 성격을 분명히 한다. 다시 한 번 그리스도의 속죄 사역은 칭의와 연결된다. 같은 맥락에서 율법으로 의롭게 되려는 사람은 그리스도에게서 끊어진다갈 5:4. 자기 의를 세우려고 하는 사람들은 하나님의 의에 복종하지 않는다롬 10:3. 물론 그들은 교회에서도 배제될 수 있지만, 바울은 교회론적 차원이 아니라 구원론적 차원을 강조한다.

의와 칭의의 구원론적 성격은 속량롬 3:24; 고전 1:30, 죄 사함롬 4:25; 5:16, 그리스도의 피를 통한 구원롬 5:9; 10:10; 딘 3:5, 화목롬 5:10, 장차 올 시대의 생명롬 5:18; 갈 3:11, 21, 예정, 부르심, 영광롬 8:30, 씻음과 거룩함고전 6:11; 참조, 고전 1:30, 은혜갈 5:4; 딘 3:7와 밀접하게 관련되어 있다. 이 모든 요소는 율법 준수에서 나오는 의가 아닌 "하나님께로부터 난 의"를 언급하는 빌립보서 3장 9절과 일치한다. 이 증거는 매우 압도적이다. 칭의의 구원론적 성격은 거의 모든 언급에서 두드러지며, 하나님과의 관계와 깊이 연관되어 있다. 동시에 다른 신자들과의 수평적 관계에 대해서는 거의 언급하지 않는다. 물론 칭의는 신자들 사이의 관계에 대해 말하지만 칭의라는 용어 자체의 주된 영역은 구원론이다.

전가

전가에 대해 가장 날카롭게 이의를 제기한 학자는 N. T. 라이트이다. 그의 견해를 명확히 보여주는 두 인용문이 있다. "바울이 법정 용어를 사용한다면, 판사가 자신의 의를 원고나 피고에게 전가하거나, 부여하거나, 상속하거나, 전달하거나, 다른 방식으로 이전한다고 말하는 것은 말이 되지 않는다."[68] "법정에서 판사가 누군가를 의롭다고 판결할 때, 그 사람에게 자신의 '의'를 주는 것이 아니다. 그는 선언 행위, 즉

---

68 Wright, *What Saint Paul Really Said*, 98. 그는 계속해서 "피고인이 어떻든 판사의 의를 받는다고 상상하는 것은 단순히 범주의 오류일 뿐이다. 언어는 그렇게 작동하지 않는다."라고 말한다.

'발화 행위'를 통해 판결을 받는 피고가 갖는 지위를 창조한다."[69] 판사는 결코 자신의 의를 피고에게 넘겨주지 않는다고 강조한다. 판사는 자신의 의를 다른 사람에게 넘겨주지 않으며, 피고인의 의로움과 유죄를 판단하고 결정하여 선언할 뿐이다.

　판사가 법정에서 어떻게 행동하는지에 대한 라이트의 관찰은 옳다. 그들은 결코 자신들의 의를 피고에게 부여하지 않으며, 법적으로도 그렇게 할 수 있는 조항이나 범주도 없다. 그렇게 한다면 우리는 분노할 것이며, 어떻게 감히 자신의 의를 피고에게 부여할 수 있느냐고 의문을 가질 것이다. 그러나 라이트는 처음부터 근본적인 실수를 저지른다. 그는 판사로서 하나님의 역할이 인간 법정에서 일어나는 일과 정확히 일치한다고 가정하지만, 인간 법정에서 일반적으로 일어나는 일로 법정 비유를 제한할 수 없다. 우리는 성경 저자가 선택한 방식으로 비유를 사용할 수 있도록 허용해야 한다. 다시 말해, 라이트가 말하는 대로 인간 법정에서 피고인에게 자신의 의를 넘겨주지 않는 것은 맞지만, 인간이 하나님 앞에 설 때 상황은 다르다. 인간 법정에서 일어나는 일로는 하나님과 인간의 관계나 하나님이 법정에서 사건을 판결하는 방식을 결정할 수 없다. 더 나아가 복음의 경이로움은 우리가 믿음으로 예수 그리스도와 연합할 때, 하나님께서 우리에게 그분의 의를 주신다는

---

69 Wright, *Justification*, 69. "그러나 그들이 가진 의는 하나님 자신의 의가 아닐 것이다. 그것은 말이 되지 않는다. 하나님 자신의 의는 그분의 언약적 신실하심이다. ... 그러나 하나님의 의는 여전히 그분의 소유이다." Wright, *What Saint Paul Really Said*, 99.

데 있다. 우리는 이러한 상황을 기대하지 않으며, 인간 법정에서는 결코 일어나지 않을 일이다. 그러나 하나님께서 사랑으로 아들을 보내셔서(사랑으로 오셔서) 자기 백성을 구속하시고 그들의 죄로 받아야 할 심판을 아들에게 내리시는 것은 다른 어떤 상황에서도 찾아볼 수 없다.

전가를 변호하기 위해 앞서 인용한 본문을 반복할 필요는 없지만, 잠시 한 본문으로 돌아가겠다. 더 넓은 범주에서 보면 라이트가 전가를 거부하는 이유는 그리스도와의 연합에 대한 이해가 부족하기 때문이라고 할 수 있다. 믿는 자들이 그리스도와 연합할 때, 그리스도의 모든 것이 그들의 것이 된다. 그분의 의는 우리가 그리스도 안에 있기 때문에, 우리가 믿음으로 그와 연합했기 때문에 우리에게 주어진다. 따라서 전가는 단지 몇몇 본문에 달려 있는 것이 아니라 신자들이 믿음으로 그리스도에게 속해 있다는 확언과 함께 바울 신학의 더 넓은 틀과 일치한다.

라이트는 고린도후서 5장 21절이 전가를 지지하지 않는다고 주장한다.[70] 그는 문맥상 다른 1인칭 복수 동사의 사용을 고려할 때, 고린도후서 5장 21절의 복수형 대명사 "우리"는 사도와 그의 사역을 가리키며 모든 신자를 지칭하는 것이 아니라고 말한다. 또한 동사 "되다"γενώμεθα, 게노메다는 과정적 의미로 해석되어야 한다고 주장한다. 그러나 이 두 가지 주장 모두 반박할 수 있다. 고린도후서 5장에 나오는 대부분의 1인

---

70 Wright, *What Saint Paul Really Said*, 104-5; Wright, *Justification*, 159-64.

칭 복수형이 바울을 가리키는 것은 사실이지만, 바울은 일인칭 대명사를 사용할 때 신자들과 자신을 쉽게 오간다. 바울은 대명사를 유동적이고 비체계적으로 사용하기 때문에 1인칭 복수형이 바울만을 가리킨다고 단정할 수 없다. 결국 바울은 전문적인 논문을 쓰고 있는 것이 아니라 편지를 쓰고 있기 때문에, "그가 우리를 자기와 화목하게 하시고"고후 5:18라고 말할 때, "우리"라는 단어에 모든 믿는 자를 포함시켰을 것이다. 이 주장이 설득력이 없다고 하더라도 고린도후서 5장 21절은 십자가의 유익에 대한 일종의 고백적 진술이며, 바울에게만 국한된 것으로 보기 어렵다. 이러한 신앙 고백적 진술은 바울 서신 전체에 걸쳐 있으며, 특히 십자가가 주제일 때 두드러진다. 정의상 신앙 고백적 진술은 모든 그리스도인을 포함한다.

고린도후서 5장 21절에서 "되다"라는 복수형 동사γενώμεθα, 게노메다는 라이트의 주장과 달리 과정을 명확하게 나타내지 않는다. 사실 이 동사는 종종 "이다"εἰμί 동사와 동일하다. 우리 시대의 가장 신중한 헬라어 문법학자 중 한 명인 머리 해리스Murray Harris는 이 본문에서 "되다"가 과정을 나타내지 않는다고 생각한다.[71] "이 구절에서 이중 전가를 인식하는 것이 적절하다. 즉, 죄가 그리스도의 것으로 여겨지기 때문에고후 5:21상,

---

71 Murray J. Harris, *The Second Epistle to the Corinthians: A Commentary on the Greek Text*, The New International Greek Testament Commentary (Grand Rapids, MI: Eerdmans, 2005), 455.

의가 우리의 것으로 여겨진다^{고후 5:21하}.”[72] 실제로 “하나님이 그리스도에게 외적인 것, 즉 죄를 전가하신 결과, 신자들은 외적인 것, 즉 의를 전가 받는다.”[73] 라이트가 전가를 긍정하는 것을 주저하는 이유를 이해할 수 있지만, 성경의 그리스도와의 연합에 관한 가르침, 죄인을 위한 그리스도의 죽음의 독특성, 문제의 특정 본문을 이해하면, 이 개념이 이 개념이 바울에게 충실하다고 말할 수 있는 충분한 근거가 있다.

또한 역사적으로 많은 사람이 주장해 온 것처럼 전가가 법적 허구라고 말하는 것도 설득력이 없다. 우리가 거룩하신 하나님 앞에 실제로 의롭게 서 있기 때문에 전가는 조작이 아니다. 그리스도의 의는 참으로 우리의 것이며, 우리의 계정에 실제로 적립된다. 어떤 학자들은 일반적인 법정에서 일어나는 일을 생각하기 때문에 전가를 법적 허구라고 생각할 수 있지만, 여기서 우리는 살아 계신 하나님께서 의로 여기시는 의를 가지고 있으며 의는 믿음으로 그리스도와 연합되어 있기 때문에 실제로 우리의 것이 된다.

결론

이 장에서는 바울에 대한 새 관점과 묵시론적 해석의 몇 가지 특징을 살펴보았다. 묵시론 학파는 하나님께서 예수 그리스도 안에서 놀랍고

---

72 Harris, *The Second Epistle to the Corinthians*, 455.

73 Harris, *The Second Epistle to the Corinthians*, 455.

예상치 못한 방식으로 역사에 극적으로 개입하신다는 것을 올바르게 보지만, 하나님의 의를 법정적 의미가 아닌 변화적 의미로 이해하면서 잘못 나아간다. 또한 더글라스 캠벨은 하나님의 보복적 정의를 부정하면서 잘못된 길로 빠졌다는 것을 알 수 있다. 이는 최후 심판이 바울의 일반적인 가르침이기 때문이다. 새 관점은 개혁주의 전통에 속한 이들이 때때로 놓치는 바울 복음의 유대인과 이방인의 측면과 사회적 현실을 상기시켰다. 그러나 바울에게 행위-의에 대한 논쟁이 없다고 주장하거나 칭의가 수직적이지 않고 수평적 관계라고 말할 때, 그리고 전가를 부정할 때 역시 길을 잃는다. 우리는 새로운 목소리에 열린 자세를 유지하며 그들로부터 배우기를 원해야 하지만, 동시에 역사적 가르침이 오랜 시간 동안 견뎌온 이유를 인식할 필요가 있다.

7
칭의와 조직신학

이 책에서는 칭의와 관련된 특정 본문들을 해석하는 데 중점을 두었지만, 칭의와 다른 개념들 사이의 관계를 간략하게라도 고려하는 것은 도움이 될 것이다. 다시 말해, 조직신학의 관점에서 성경이 가르치는 모든 것이 일관성 있고 합리적으로 정리되어 있기 때문에 조직신학의 관점에서 고려하는 것이 유익할 것이다.

조직신학은 주해, 성경신학, 역사신학, 철학의 정점으로 여겨진다. 일부 학계에서는 조직신학을 학문으로 무시하는 경향이 있는데, 특히 성경에 집중하는 학자들 사이에서 더욱 그렇다. 하지만 우리는 모두 알든지, 모르든지 조직신학적 틀 속에서 움직이기 때문에 이러한 태도는 근시안적이고 비생산적이다. 문제는 우리의 체계가 정말 성경적이고 포괄적인가에 있다. 물론 정상적인 사람이라면 모든 답을 알고 있다고 주장하지 않으며, 이 세상에는 완벽한 조직신학자가 없기에 완벽한 조직신학도 존재하지 않는다. 성경은 구원과 성화를 위해 우리가 알아야 할 모든 것을 충분히 알려주지만, 성경이 우리에게 완벽하고 포괄적인 답을 준다고 주장하지는 않는다. 그럼에도 불구하고 조직신학은 귀중하고 필수적인 작업이다.

이 책 전체에서 그러하듯이, 나는 이 장에서도 몇 가지 쟁점만 다루며 독자들이 다른 곳에서 이러한 문제를 더 깊이 탐구할 수 있도록 마중물 역할을 하고자 한다. 대부분 쟁점이 바울 신학과 관련되어 있기 때문에 특히 바울의 기여에 집중하려고 한다. 이 마지막 장에서는 (1) 칭의와 그리스도와의 연합, 구속, 화해와 같은 다른 구원의 실재와의 관계, (2) 행위에 의한 칭의에 대한 논의 등 두 가지 문제를 고려할 것이다.

칭의와 다른 구원의 실재

바울은 종종 "그리스도 안에 있다"고 말하며, 거의 모든 학자가 그리스도와의 연합이 그의 신학에서 중요한 역할을 한다는 데 동의한다.[74] 그리스도 안에 있는 구원론적 유익은 그리스도가 우리를 위해 그리고 우리의 구원을 위해 육신을 입으신 아버지의 영원한 말씀/아들이라는 높은 기독론을 드러낸다[요 1:14-18]. 우리는 이미 로마서 5장 12-19절[참조. 고전 15:21-22]에서 사람이 아담 안에 있거나 그리스도 안에 있다는 것을 보았다.

"그리스도 안에"라는 어구는 다양한 방식으로 사용되며 반드시 그분과의 연합을 의미하지는 않는다는 점에서 주의해야 한다.[75] 그러나 이미 칭의에 관한 핵심 본문 중 하나[고후 5:21]를 그리스도와의 연합의 관점에서 이해해야 한다고 주장했으며, 이는 아담과 그리스도 모두가 언약의 대표이며 언약의 머리라는 내용이 담겨 있는 로마서 5장에서 우리가 발견한 아담과 그리스도의 대조로 뒷받침된다.

많은 구원론적 실재가 그리스도 안에서 우리의 것이 된다. 구속[롬 3:24],

---

74 바울의 "그리스도 안에" 공식에 대한 유용한 연구는 다음을 참조하라. Mark A. Seifrid, "In Christ," in *Dictionary of Paul and His Letters*, ed. G. F. Hawthorne and R. P. Martin (Downers Grove, IL: InterVarsity Press, 1993), 433-36.

75 참조. Constantine R. Campbell, *Paul and Union with Christ: An Exegetical and Theological Study* (Grand Rapids: Zondervan Academic, 2012). 캠벨의 책에서 나타나는 약점에 대해서는 사이프리드(Mark Seifrid)의 탁월한 리뷰를 참조하라. 이 리뷰는 *Themelios* 38, no. 2 (2013): 262-64에 실려 있으며, 다음 링크에서 확인할 수 있다. https://www.thegospelcoalition.org/themelios/review/paul-and-union-with-christ-an-exegetical-and-theological-study.

생명과 부활롬 6:11, 23; 8:2; 엡 2:6; 딤후 1:1, 정죄로부터의 자유롬 8:1, 성화고전 1:2, 택하심고전 1:28-30; 엡 2:4; 딤후 1:9, 새로운 피조물고후 5:17; 엡 2:10, 화해고후 5:19, 아브라함의 복갈 3:14, 모든 영적인 복엡 1:3, 구원딤후 2:10, 은혜고전 1:4, 칭의갈 2:17 이다. 칼빈은 칭의를 올바르게 이해하려면 그리스도와의 연합이 "가장 중요한 것"이라고 말한다.[76] 그는 또한 "그리스도께서 우리 밖에 계시고, 우리가 그분과 분리되어 있는 한, 그가 인류 구원을 위해 고난당하시고 행하신 모든 일은 우리에게 아무 쓸모가 없고 가치가 없다는 것을 이해해야 한다. ... 우리가 그분과 한 몸이 되기 전까지는 그분이 소유한 모든 것은 우리에게 아무것도 아니다."[77] 로버트 레섬은 "그리스도와의 연합은 기독교 구원 교리의 중심에 있다. 우리의 하나님과의 모든 관계는 이 용어로 요약될 수 있다"라고 선언한다.[78]

바울이 말하는 구원의 많은 요소가 그리스도와의 연합과 연결되어 있다는 것은 매우 놀랍다. 칭의, 구속, 화해, 선택 등이 모두 그리스도 안에 있기 때문에 그리스도와의 연합이 가장 중요한 범주라고 말하는 것이 타당해 보인다. 나는 그리스도와의 연합이 바울 사상의 중심이거

---

76 John Calvin, *Institutes of the Christian Religion*, ed. John T. McNeill, trans. Ford Lewis Battles, 2 vols. (Philadelphia: Westminster, 1960), 3.11.10 (1:737).

77 Calvin, *Institutes*, 3.1.1 (1:537).

78 Robert Letham, *Union with Christ in Scripture, History, and Theology* (Philipsburg, NJ: P&R, 2011), 1. 칼빈과 레섬의 인용문을 제공해준 마틴(Oren Martin)에게 감사한다.

나 가장 중요한 주제라고 주장하는 것이 아니다. 그리스도와의 연합이 더 넓은 범주이며 칭의는 그 범주에 속한다. 하나님과 올바른 관계에 대한 질문이 근본적이고 기초적이기 때문에 칭의가 덜 중요하다는 말은 아니다. 그러나 그리스도와의 연합은 구원, 새로운 창조, 칭의, 구속, 화해 등과 구별되며, 다른 모든 구원의 복은 인간이 믿음으로 그리스도와 연합할 때 인간에게 주어진다. 그러므로 바울 신학에 대해 이야기할 때, 그리스도와의 연합이 칭의, 화해, 또는 다른 어떤 구원의 실재보다 더 포괄적이라고 할 수 있다.

칭의와 중생, 구속, 화해, 성화, 양자 됨, 새로운 창조, 선택, 부르심, 영생과 같은 다른 구원의 복을 어떻게 이해해야 할까? 칭의가 이러한 다른 구원의 정의들보다 더 중요한가? 칭의를 근본적이거나 기초적인 것으로 간주해야 할까, 아니면 어떤 의미에서 우선적이라고 간주해야 할까? 이러한 질문은 복잡하며, 여기에서는 제안으로서 의미있는 의견만을 제시할 수 있다.

나는 우리의 구원을 설명하는 이 모든 다른 방식이 동등한 의미를 가진다고 보며, 동시에 칭의가 근본적인 의미가 있다고 제안한다. 이에 대해 간략하게 설명할 필요가 있다.

한편으로 구원에 대한 다양한 관점은 그리스도인에게 부여된 하나님의 구원 사역을 서로 다른 이미지로 설명하기 때문에 같은 수준에 있다. 예를 들어, 구원과 구속은 모두 하나님께서 자기 백성을 죄와 죽음, 사탄으로부터 어떻게 구원하셨는지를 설명한다. 이러한 구원은 인간의 선함이나 의에 달려 있지 않으며 하나님의 은혜에 뿌리를 두고 있다. 우리는 하나님과의 화해 또는 평화를 누리는 것도 생각할 수 있다. 바울은 화해가 하나님에 의해 시작되고 성취된다고 강조한다롬 5:1, 10; 고후 5:18-21; 엡 2:11-22. 인간은 하나님의 뜻과 길을 저항하는 하나님의 원수롬 5:10였으나, 주님은 우리를 자신과 화목하게 하셔서 우리로 하여금 그분과 평화를 누리도록 주도권을 잡으신다. 거룩한 영역에 놓이는 것과 관련된 성화 또한 주님의 사역이므로 그리스도 예수 안에서 우리의 것이다고전 1:30; 6:11.

마찬가지로 중생 또는 거듭남은 신자들에게 부여된 새 생명을 의미하며, 그 결과 우리는 양자 됨을 통해 하나님의 자녀가 된다. 아무도 태어나기를 선택하지 않듯이, 새로 태어남도 하나님의 은혜롭고 초자연적인 사역을 나타낸다. 다시 말해, 거듭난 사람은 영생, 즉 다가올 시대의 생명을 누린다. 새 창조도 우리의 눈을 주님의 사역으로 향하게 한다고후 5:17; 갈 6:15. 하나님은 말씀으로 물리적 세계를 창조하셨고예: 창 1:3; 시 33:6, 말씀과 사역으로 새 창조를 시작하신다. 또한 하나님은 인간의 행위와 별개로, 우리가 태어나기 전에 구원받을 사람을 선택하시기 때문에롬 9:11; 엡 1:4, 택하심과 부르심도 주목해야 한다. 복음이 선포될 때 역사 속에서 일어나는 부르심살후 2:14은 효력이 있으므로참조. 롬 8:30; 고전 1:23-24, 26 이 용어를 구원에 대한 초대와 동일시할 수 없다. 대신 하나님의 부르심은 생명을 창조하는 것이다.

이 모든 의미에서 두드러지는 것은 하나님께서 자신의 백성을 구원하신다는 것이다. 하나님은 구속하시고, 화해시키시며, 중생시키시고, 구원하시며, 거룩하게 하시고, 양자삼으시며, 선택하시고, 부르신다. 이런 의미에서 칭의는 바울이 사용하는 구원에 대한 다양한 은유들과 일치한다. 모든 경우에 구원은 주님의 것이다. 어떤 경우에도 인간의 행위나 능력이 하나님의 구원의 능력을 설명하지 않는다. 그 대신, 하나님의 백성에게 부어주신 하나님의 은혜에 전적으로 초점을 맞춘다. 칭의가 하나님의 사역이라는 강조는 새롭거나 독특한 것이 아니므로 이러한 유사점은 교훈적이다. 칭의는 하나님이 구원하시는 분이시며, 구원은 인간의 주체성이나 노력과 덕에 돌려질 수 없다는 것을 말하는 다른 표현일 뿐이다. 어떤 신학자들은 칭의가 구원의 다른 은유들과 별개로 돋보이게 말할 때, 마치 구원론에 대해 말할 수 있는 모든 것이 칭의론이라는 인상을 줄 수 있다. 사실 구원이 초월적이며 하늘에 속한 신적 사역이라는 점을 모든 은유가 강조하는 것은 놀랍다. 칭의가 자기 백성을 구원하시는 하나님의 사역을 강조하는 데 있어 다른 은유들과 고립된 것이라면, 이는 신약의 다른 부분과 어색하게 맞물릴 것이다. 실제로 칭의는 더 큰 구원의 그림과 풍경 속에서, 구원이 주님의 것임을 인정하는 중요한 요소로서 그 자리에 잘 어울린다.

다른 한편으로 칭의는 바울이 칭의와 정죄를 자주 대조하기 때문에 특히 두드러진다. 우리는 바울이 칭의가 행위가 아닌 믿음에 의한 것임을 자주 강조하는 것을 보았다. 여기서 구원이 믿음에 의한 것이라고 주장하기 때문에 구원에 가장 가깝다. 성화, 구속, 화해와 관련해서는 믿음을 강조하지 않지만, 그러한 경우에도 믿음이 없는 것은 아니므로 이러한 관찰을 지나치게 강조해서는 안 된다. 하지만 칭의는 하나님과의 관계에서 인간과 하나님의 역할이 일치하는지를 더 날카롭게 제기한다. 우리는 바울이 특히 강조한 주제인 칭의가 행위가 아닌 믿음에 의한 것이라고 말하는 것이 신학적으로 실제적으로 무엇을 의미하는지 분별해야 한다.

그리스도교는 칭의와 관련하여 인간이 어떤 역할을 하는지에 대해 오랫동안 분열되어 왔으며, 따라서 종교개혁 당시부터 칭의는 자연스럽게 전면에 부각되었다. 어떤 의미에서 칭의는 모든 경우에 구원이 주님의 사역이기 때문에 구속이나 화해보다 더 결정적인 역할을 하지는 않는다. 다른 한편으로 칭의는 하나님과 의로운 관계를 맺는 데 있어 인간의 기여를 분별하는 데 중요한 역할을 한다. 우리의 구원에서 우리의 행위와 하나님의 사역 중 어느 것이 근본적인가? 나는 이 책에서 개혁주의적 해석을 목표로 하며, 그것은 다른 구원의 실재들에서 우리가 보는 것, 즉 구원은 주님의 것이라는 사실을 보존하는 것을 주장했다. 인간은 그들의 구원을 위해 공로를 세우거나, 구원을 얻거나, 구원을 성취하는 것이 아니며, 심지어 믿음조차도 선물이다. 또 다른 의미에서 칭의는 주님께서 죄인을 용서하시고 그 앞에서 의롭다고 선언하는 근거를 설명한다는 점에서 근본적인 역할을 한다. 다시 말하지만, 구속, 화해, 성화는 십자가에 기초를 두기 때문에 이 서술이 너무 단순하다는 느낌이 들 수도 있다. 그럼에도 불구하고 칭의는 그 과정이 독특하고 명확하게 설명되어 있다. 하나님은 완전하고 무한히 거룩하시기 때문에 어떤 죄인도 생명에 대한 보증이 없다. 대신 모든 사람은 자신의 악함으로 정죄와 심판을 받아야 마땅하다. 칭의는 법정의 언어와 관련이 있으며, 재판관이신 하나님 앞에 서서 "무죄"라는 판결을 받을 수 있는 방법을 구체적으로 고려한다. 우리는 많은 본문(예. 롬 3:21-26; 갈 3:13; 고후 5:21; 벧전 2:24; 3:18)에서 하나님의 아들로서 예수님이 죄인을 대신하여 죄인을 받아야 할 저주와 심판을 받으셨음을 알 수 있다. 우리는 진노하시는 하나님이 죄인을 위해 자기 아들을 강제로 죽도록 하는 것을 보는 것이 아니다. 그 대신 하나님은 자기 아들을 사랑으로 보내셨고, 아들은 죄인을 위해 자신을 내어주기 위해 사랑으로 오셨다. 여기서 우리는 분리될 수 없는 사역이라는 중요한 삼위일체 교리의 예를 볼 수 있다.[79] 아버지와 아들은 서로 반대되는 사역을 하시지 않으며, 협력과 조화 속에서 일하신다. 성령 역시 그 그림에 일치하여 구원의 위대한

---

79 이 교리는 아우구스티누스가 *The Trinity*, vol. 45 in *The Fathers of the Church: A New Translation*, trans. Stephen McKenna (Washington DC: The Catholic University of America, 1963), 11에서 말한 것처럼 하나님의 단일성과 단순성에 대한 교리의 논리적 귀결에서 발전되었다. "성부, 성자, 성령은 분리될 수 없으므로 불가분하게 일하신다." 다음을 참조하라. Adonis Vidu, *The Same God Who Works All Things: Inseparable Operations in Trinitarian Theology* (Grand Rapids, MI: Eerdmans, 2021).

사역을 우리 마음에 적용하신다^{참조. 고전 6:11}.

   칭의는 하나님의 거룩함과 사랑을 독특한 방식으로 우리에게 각인시킨다. 그분은 "또한 예수 믿는 자를 의롭다 하려"^{롬 3:26} 하시는 분이시다. 하나님의 사랑과 거룩함이 만나는 곳, 진노가 만족되고 자비가 나타나는 곳, 하나님의 심판하는 의와 구원하는 의가 모두 나타나는 곳, 공의가 이루어지고 은혜를 받는 곳인 십자가의 역사이다. 칭의의 법정적 성격은 차갑게 느껴질 수 있지만, 법적 판결은 사랑의 표현이기 때문에 그러한 반응은 심각한 오해에서 비롯된 것이다. 기독교 찬송과 합창곡에서 죄인이 마땅히 받아야 할 형벌을 받으신 그리스도의 십자가의 죽음이 신자들로 하여금 기쁨으로 하나님을 찬양하게 했다는 것을 쉽게 알 수 있다. 법적 행위는 활기찬 삶과 분리되지 않고, 모든 한계를 뛰어넘은 기쁨으로 신자들을 가득 채웠다.

   칭의는 하나님이 자신의 아들의 대속적 죽음에 근거하여 죄인을 어떻게 변호하고 무죄를 만드시는지를 정확하게 표현하기 때문에, 하나님의 사랑이나 하나님의 거룩함이 십자가에서 타협되지 않았음을 상기시키며 우리의 구원의 논리를 풀어내는 데 독특한 역할을 한다. 법적 행위는 하나님의 본성을 우리에게 강력하게 전달하고 자신의 정의를 만족시킨 하나님의 큰 사랑을 보여주기 때문에 차갑거나 무감각하지 않다^{롬 3:24-26; 갈 3:13}. 물론 하나님 외부에 따라야 할 법이 있는 것처럼 말하는 것이 아니다. 하나님 자신이 거룩하시기 때문에, 자신의 정의를 만족시키지 않고 죄를 용서하는 것은 그의 성품, 그의 존재 자체, 그의 "신성"을 위반하는 것이다. 하지만 결국 하나님의 속성은 서로 상반될 수 없기 때문에 하나님의 사랑과 공의는 십자가에서 만나고 죄인들은 예수님을 믿을 때 의롭다고 선언된다. 동시에 앞서 살펴본 것처럼, 이 또한 하나님의 지혜로운 목적과 놀라운 사랑에 따라 우리에게 주신 하나님의 신비한 선물이기 때문에 우리의 믿음을 자랑할 수 없다.

행위에 의한 칭의

5장에서 우리는 야고보서의 행위에 의한 칭의를 살펴보면서 행위는 믿음의 열매이며, 야고보의 믿음 개념, 심지어 믿음만이라는 바울의 견해와 모순되지 않는다는 것을 주장했다. 야고보는 행위를 믿음의 기초나 토대가 아니라 믿음의 증거 또는 열매로 본다. 동시에, 4장에서 바울이 신자는 오직 믿음으로만 의롭다 함을 얻으며, 이러한 믿음은 특히 율법의 행위와 대조되며 일반적으로 행위와도 대조된다고 가르치는 것을 보았다. 우리는 문제의 다른 측면을 살펴보고, 바울에 따르면 행위가 최종 보상을 받는 데 어떤 역할을 하는지 생각해 볼 필요가 있다.

바울을 살펴보기 전에 구약 성경의 한 본문, 시편 62편을 고려해야 한다. 이 시편은 구원은 오직 하나님에게서 온다고 반복해서 강조하기 때문에 가장 흥미롭다.

나의 영혼이 잠잠히 하나님만 바람이여 나의 구원이 그에게서
나오는도다
오직 그만이 나의 반석이시요 나의 구원이시요 나의 요새이시니
내가 크게 흔들리지 아니하리로다

시 62:1-2

구원이 오직 하나님에게서 온다는 것은 믿음이 우리를 구원할 수 있는 유일한 분에게 신뢰를 두기 때문에 믿음으로만 구원받는다는 개념과 일치한다. 시편 62편 5-7절에서 시편 기자는 다시 하나님만 바라보며 도움을 구한다.

나의 영혼아 잠잠히 하나님만 바라라
무릇 나의 소망이 그로부터 나오는도다
오직 그만이 나의 반석이시요
나의 구원이시요
나의 요새이시니
내가 흔들리지 아니하리로다
나의 구원과 영광이 하나님께 있음이여
내 힘의 반석과 피난처도 하나님께 있도다

바로 다음에 독자들은 "모든 때에 그를 의지하라"^{개역개정. "시시로 그를 의지하고"}는 권면을 받는다^{시 62:8}. 여기서 우리는 구원이 오직 하나님께만 있다

는 것과 그분께 모든 신뢰와 믿음을 두라는 부르심 사이의 명백한 연관성을 볼 수 있다. 그러나 이 시편은 놀라운 말로 끝을 맺는다.

주께서 각 사람이 행한 대로 갚으심이니이다

시 62:12

시편 전체에서 오직 하나님만을 의지하고 그분을 반석, 요새, 구원자로 신뢰하는 것을 강조하고 있기 때문에, 우리가 행위를 따라 보상을 받는다는 개념은 시편의 주요 주제로 보이지 않는다. 그러나 하나님만을 신뢰하는 것과 행위로 심판을 받는 것 사이의 상관관계는 하나님만을 신뢰하는 사람들이 하나님을 기쁘시게 하는 방식으로 살아간다는 점에서 교훈적이다. 하나님만 의지하는 것은 선한 삶, 즉 하나님을 기쁘시게 하는 행위가 특징인 삶으로 이어진다. 이 시편은 믿음이 뿌리이고, 선행은 열매이며, 선행은 믿음의 결과로 하나님을 신뢰할 때 나타나는 자연스러운 결실이라는 결론으로 우리를 이끈다.

이것은 행위에 대한 바울의 이해로 이어진다. 나는 이미 "행위"와 "율법의 행위"가 바울 신학에 따르면 의롭게 하지 않으며, 의롭게 할 수 없다고 주장했다. 여기서 주장하는 것은, 바울도 야고보와 마찬가지로 칭의와 영생을 위해 행위가 필요하다고 믿었으며, 이러한 진술이 바울의 이신칭의 가르침과 모순되지 않는다는 점이다. 그 이유는 바울이 야고보와 일치하여 그러한 행위가 칭의의 근거가 된다고 생각하지 않았기 때문이다. 오히려 그것들은 칭의에 필요한 열매이자 증거이다. 여기에서 중요한 말은 필요한 증거라는 것이다.

많은 사람은 행위가 필요하다는 말을 들으면, 행위가 구원의 필요한 근거라는 오해로 이어져 바울의 사상에 모순이 있거나 바울의 복음이 부정되고 있다고 생각한다. 그러나 이 두 가지 결론은 어느 것도 받아들여져서는 안 된다. 바울은 행위가 아니라 믿음이 구원한다고 분명하고 반복적으로 가르친다. 하나님은 완전함을 요구하시기 때문에 행위로는 의롭다 함을 받을 수 없으며, 칭의는 십자가에서 우리가 받아야 할 형벌을 대신 짊어지고 부활하신 예수 그리스도와 연합할 때만 얻을 수 있다. 동시에 바울은 선행이 필요하다는 점도 명확히 강조한다. 바울이 일관된 사상가라는 믿을 만한 이유가 충분하기 때문에, 행위가 구원의 필수적인 증거라고 말하는 것은 정당한 신학적 추론이다. 더 중요한 것은 성경이 하나님의 영감으로 기록된 말씀이므로, 신앙과 실천에 대한 완벽한 규범으로서 모순이 있을 수 없다는 사실이다. 또한 행위가 필요한 증거라는 개념을 뒷받침하는 몇 가지 주해적 증거를 제시하려고 한다.

바울은 마지막 날에 행위에 따른 심판이 임할 것이며롬 2:6-10, 악에 탐닉하는 사람들은 하나님의 진노에 직면하여 끝없는 고통과 괴로움을 경험할 것이라고 가르친다롬 2:8-9. 사탄의 종인 사람들은 마지막 날에 그들의 행위에 따라 평가받을 것이다고후 11:15. 하나님께 속해 있다고 공언하면서도 그들의 행위로 하나님을 부인하는 자들이 있다딛 1:16. 구리 세공업자 알렉산더도 이 범주에 속하며, 그는 바울을 대적한 자로서 행위에 따라 심판을 받을 것이다딤후 4:14.

바울은 선행의 중요성을 분명하게 드러낸다. 믿는 자들은 "선한 일에 열심히" 하고딛 2:14, "어둠의 일을 벗고"롬 13:12, "모든 착한 일을 넘치게 하며"고후 9:8, "열매 없는 어둠의 일에 참여하지 말고"엡 5:11, "선한 사업을 많이 하고"딤전 6:18, "모든 선한 일을 행할 능력을 갖추며"딤후 3:17; 딛 3:1, "오직 선행으로 하고"딤전 2:10, "선한 행실의 증거가 있고"딤전 5:10, "선한 일의 본을 보이며"딛 2:7, "선한 일을 힘써야 한다"딛 3:8, 14. 선행에 대한 이러한 긍정적인 언급은 매우 놀라운 데, 특히 앞서 살펴본 것처럼 바울이 신자들이 행위로 의롭게 될 수 없음을 자주 강조하기 때문이다!

로마서 2장 13절에서 바울은 "오직 율법을 행하는 자라야 의롭다 하심을 얻으리니"라고 선언한다. 어떤 학자들은 이 선언을 가설로 받아들이지만, 그러한 해석은 설득력이 부족하다. 로마서 2장 6-10절에서 바울은 모든 사람이 자신의 행위에 따라 하나님에게 보상을 받는다고 단언하며, 가상적으로 말하고 있다는 어떠한 암시도 없다. "영생"은 인내하며 선을 행하는 자들의 것이며롬 2:7, 그들은 마지막 날에 "영광과 존귀와 평강"를 경험할 것이다롬 2:10. 로마서 2장 26절에 따르면 "율법의 규례를 지키는" 사람은 할례를 받지 않았어도 할례를 받은 것으로 간주된다. 다시 말해, 그는 하나님의 백성의 구성원으로서 언약 백성으로 간주된다. 그런 사람은 참된 유대인이며 참으로 할례를 받은 사람이다롬 2:29. 이 구절에서 우리는 율법을 지키는 사람, 즉 참된 유대인이며 참으로 할례를 받은 사람은 "성령으로" 그렇게 되는 것이며, 그의 "칭찬", 즉 최종 보상은 하나님에게 온다는 점에서 이 논의가 가설이 아님을 분명히 알 수 있다. 순종은 성령의 역사이며 그리스도께 속한 사람들의 삶에서 하나님의 성령이 이루신 변화를 나타내기 때문에 가상이 아니라 실제이다.

선한 일에 대한 요청을 강조하는 논리에 주목할 필요가 있다. 예를 들어, 디도서 2장 14절에 나오는 선한 일에 대한 열심은 그리스도의 구속 사역의 결과이다. 그리스도인의 삶을 특징짓는 순종은 자율적이거나 자생적이거나 인간적으로 성취할 수 있는 것이 아니다. 그 대신 믿음으로 성령을 받은 사람에게서 나오는 것이다롬 8:9; 갈 3:1-5, 14. 앞서 설명한 로마서 2장 26-29절에서도 이를 분명히 확인할 수 있다. 이방인 그리스도인의 순종은 성령의 역사이며, 성령은 새 생명을 가진 자, 즉 자신의 죄와 하나님을 기쁘시게 하지 못함을 고백하는 자에게 주어진다. 다시 한 번 순종은 성령의 역사의 결과라는 것을 알 수 있다. 성령의 역사는 가상적인 것이 아니라 인간의 힘으로 설명할 수 없는 초자연적 실재이다. 바울은 구원에 공로가 되는 행위나 구원의 근거가 되는 행위를 말하지 않는다. 행위는 한 사람의 삶에서 성령의 능력으로 사람이 변화되고 새로워지는 것을 보여준다.

또한 갈라디아서 5장 21절에서 바울은 육체의 일을 행하는 자^{갈 5:19-21}는 "하나님의 나라를 유업으로 받지 못할 것"이라고 선언하며 행함의 필요성을 강조한다. 이는 매우 분명한 진술이다. 악을 행하는 사람은 하나님의 종말론적 왕국에서 제외되고, 선을 행하는 사람은 종말론적 상을 받을 것이다. 이것은 갈라디아서 6장 8절과도 일치한다. "자기의 육체를 위하여 심는 자는 육체로부터 썩어질 것을 거두고 성령을 위하여 심는 자는 성령으로부터 영생을 거두리라." 부패는 영생과 대조를 이루며 인간의 영원한 운명이 결정될 것을 보여준다. 그리고 육신, 옛 아담과 죄의 원리에 "심는" 사람들은 종말론적 멸망을 경험할 것이고, 성령에 심는 사람은 다가올 시대의 생명을 거둘 것이다.

성령으로 심는 사람은 오직 성령의 능력으로만 심는다고 말할 수 있다. 인간은 자신의 자원에 의존하지 않고 성령을 의지하여 의를 맺을 수 있다. 율법의 행위로 의가 오지 않는다고 단언하는 같은 편지에서 다가올 시대에 생명을 얻으려면 새로운 방식으로 살아야 한다고 주장한다. 그러한 새로운 삶의 방식은 성령에게서 오는 것이므로 바울은 신자들이 "성령을 따라 행해야" 하고^{갈 5:16}, "성령의 인도하심을 받아야" 하며^{갈 5:18}, "성령으로 살고 성령으로 행해야"^{갈 5:25} 한다고 말한다. 믿는 자들이 행하는 모든 선은 "성령의 열매"^{갈 5:22}이다. 이 순종은 완벽하지는 않지만, 놀랍고 초자연적이다. 믿음으로 하나님과 올바른 관계에 있는 자들은 믿음으로 부여된 성령이 그들을 변화시키기 때문에 새로운 삶을 보여준다.

고린도전서 6장 1-11절에서, 고린도 교인들이 이웃을 우선하지 않고 자신의 법적 권리를 주장하며 민사 문제로 다투는 것에 대해 책망받는 장면에서 비슷한 것을 볼 수 있다. 그들은 실제로 악을 행하고 있으며 ἀδικεῖτε, 아디케이테. 고전 6:8, 불의한 자ἄδικοι, 아디코이는 하나님의 나라를 유업으로 받지 못할 것이다고전 6:9. 바울은 그들이 "미혹"고전 6:9될 위험에 처해 있다고 말하며, 법정에서 그들의 행동은 별로 중요하지 않다고 결론을 내렸지만, 바울은 그들의 행동이 간음, 동성애, 도둑질, 모욕, 우상 숭배와 같은 범주에 속한다고 지적한다고전 6:9-10. 소송에서 드러난 그들의 돈에 대한 욕망은 아마도 "탐욕을 부리는 자"고전 6:10에 속할 것이며, 그들의 행동이 계속되면 하나님의 나라에서 제외될 수 있다. 바울은 그들이 세례로 깨끗해졌고, 거룩한 영역에 들어갔으며, 그리스도와 성령 안에서 의롭게 선언되었음을 상기시키며 그들의 상태에서 흔들어 깨워 구원의 실재로 돌아오게 한다고전 6:11. 그들에게 요구된 행동은 하나님의 나라를 위한 공로가 아니며 될 수도 없다. 하나님 나라에서 그들의 위치는 그들의 씻음, 결정적인 성화, 칭의에 뿌리를 두고 있다. 그럼에도 불구하고 그들의 순종은 그리스도 안에서 그들의 새로운 생명을 확인하고 인증하며 그들이 진정으로 새롭다는 것을 드러낸다.

빌립보서 2장 12절은 주목할 만한 구절이다. 바울은 빌립보 교인들에게 그들의 복종ὑπηκούσατε, 휘페쿠사테을 상기시킨 다음, 매우 놀라운 말로 그들의 구원을 이루라고 κατεργάζεσθε, 카테르가제스데 말한다! 이 구절은 인간의 자율성과 덕에 대한 찬사처럼 보이지만, 바울은 2장 13절에서 그 근거를 제시한다. "너희 안에서 행하시는 이는 하나님이시니 자기의 기쁘신 뜻을 위하여 너희에게 소원을 두고 행하게 하시나니." 그렇다, 선행은 구원을 위해 필요하지만, 이 행위들은 하나님의 사역의 결과이다. 선행이 결과라면, 이러한 행위들은 구원의 근거가 아니라 새 생명의 증거이며, 성령의 임재를 삶 속에서 증언하는 것이라고 결론을 내리는 것이 타당해 보인다.

이와 일치하는 또 다른 본문은 에베소서 2장 8-10절이다. "너희는 그 은혜에 의하여 믿음으로 말미암아 구원을 받았으니 이것은 너희에게서 난 것이 아니요 하나님의 선물이라 행위에서 난 것이 아니니 이는 누구든지 자랑하지 못하게 함이라 우리는 그가 만드신 바라 그리스도 예수 안에서 선한 일을 위하여 지으심을 받은 자니 이 일은 하나님이 전에 예비하사 우리로 그 가운데서 행하게 하려 하심이니라." 여기서 우리는 이 책에서 집중하고 있는 주제를 다시 확인할 수 있다. 구원은 행위로 얻을 수 없으며, 우리가 성취하거나 행한 것에 대한 인간의 모든 자랑은 배제된다. 그럼에도 불구하고 우리는 "선한 일을 위하여 지으심을 받은 자"이다. 여기서 선한 일의 세 가지 특징에 주목해야 한다. 첫째, "만드신 바"ποίημα, 포이에마는 "하나님의 창조 작품"을 의미한다 예. 롬 1:20; 욥의 유언[Testament of Job] 49:2-3.[80] 이 작품은 하나님의 창조적 능력의

---

80 Walter Bauer, *A Greek-English Lexicon of the New Testament and Other Early Christian Literature*, rev. and ed. Frederick William Gingrich, 3rd ed. (Chicago: University of Chicago Press, 2000), s.v. "ποίημα."

산물이다. 둘째, 이것은 "그리스도 예수 안에서 지으심"이라는 말로 재확인되는데, 이는 신자들이 행하는 일이 예수 그리스도 안에서 시작된 새 창조에서 흘러나오는 것임을 보여준다. 셋째, 이 일들은 하나님께서 미리 계획하신 것으로, 그분께 속한 자들을 위해 예정하시고, 준비하신 것을 나타낸다.

바울이 선행에 대해 말하는 내용을 읽어보면, 야고보와 놀랄 만큼 비슷하다는 것을 알 수 있다! 선행은 칭의를 위해 필요하지만, 하나님은 무한히 거룩하시고, 모든 사람이 그분의 영광에 미치지 못하기 때문에, 선행은 칭의의 근거가 될 수 없다. 그럼에도 불구하고 선행은 하나님의 은혜를 받았다는 증거이며, 성령께서 그의 삶 속에서 일하고 있다는 증거이다. 칼빈의 말처럼, 우리의 선행은 그리스도 안에서 받아들여진다.

> 그러므로 그리스도께 접붙여져 있는 곳에서는 우리 자신도 그 때문에 하나님 앞에서 의인들로 나타나는데, 그의 무죄함으로 우리의 불의들이 덮여지기 때문이다. 그렇게 우리의 행위들도 의롭고 의롭다고 여겨지는데, 왜냐하면 그것들 안에 다른 무슨 악들이 있다 해도 그리스도의 순수함에 파묻혀서 [우리에게] 전가되지 않기 때문이다. 우리는 정당하게 다음과 같이 말할 수 있으니, 오직 믿음으로 우리뿐만 아니라 우리의 행위들도 의롭다

고 여겨진다는 것이다.[81]

결론

이 장에서는 성경 전체와 다른 교리와 관련된 칭의에 대해 바울이 말하는 내용을 주목하면서 조직신학의 영역으로 간략히 들어갔다. 우리는 그리스도와의 연합이 바울의 구원론에서 가장 중요한 범주이며, 따라서 칭의는 그리스도와의 참여의 궤도에 들어맞는다는 것을 확인했다. 칭의는 또한 바울의 구속, 화해, 양자 됨, 성화 등 여러 다른 구원의 실재와 연결되어 있다. 하나님께서 그리스도 안에서 행하신 일들을 묘사하는 다양한 방식 사이에는 놀라운 일치가 존재한다.

모든 경우에 하나님의 은혜가 특징을 이루어 구원은 분명히 주님께 속한 것임을 보여준다. 인간의 행위나 업적이 구원을 성취한다는 암시는 전혀 없다. 오히려 모든 비유는 죄인을 멸망과 영원한 비참에서 구원하시는 주님의 기적적이고 강력한 사역을 우리에게 각인시킨다. 이런 의미에서 칭의는 다른 구원의 실재와 병행을 이룬다. 이것은 칭의가 다른 구원론적 혜택들과 구별되어 특별히 두드러지는지에 대해 의문이 제기된다. 우리는 칭의가 하나님과 올바른 관계를 이루는 것이 행위에 의존하지 않고 믿음으로 받는 것임을 분명히 설명할 수 있었다. 칭의에서의 행위와 믿음의 대조는 바울이 구원에 대해 말하는 것과도

---

81 Calvin, *Institutes*, 3:17:10 (1:813). 콜(Graham Cole)이 이 인용문을 나에게 제안했다.

병행을 이룬다. 또한, 칭의에 대한 바울의 가르침은 그리스도의 십자가에서의 죽음이 하나님의 진노를 만족시켰다는 사실을 여러 본문에서 설명하며, 그에 따라 사람이 하나님 앞에서 의롭게 여겨지는 근거를 제시한다. 십자가에서 하나님의 의는 구원하는 동시에 심판하는 의이므로, 우리는 십자가에서 하나님의 거룩함과 사랑을 볼 수 있다. 칭의에 대한 바울의 가르침은 십자가를 더욱 명확하게 이해하는 데 도움을 준다.

또한 칭의에서 선행의 역할에 대해 생각해보면서 바울과 야고보가 이 문제에서 서로 다른 입장을 취하고 있는지 살펴보았다. 바울의 글에 그려진 그림이 공개되면 많은 사람들이 놀랄 것이다. 바울도 야고보와 마찬가지로 최종적인 칭의와 영생을 위해서는 선행이 필요하다고 강조한다. 실제로 로마서, 고린도전후서, 갈라디아서 등에서 바울이 선행의 중요성을 강조하는 본문은 바울에게 일반적으로 기대되는 것보다 훨씬 많다. 선행은 분명히 필요하지만, 선행은 그리스도 안에서 새로운 생명의 필수적인 근거가 아니라 필수적인 결과이다. 선행은 강력하고 변화시키는 성령의 역사, 즉 죽음을 이기고 승리하신 예수 그리스도 안에서 새 창조의 결과이다. 바울에게 선행은 야고보와 마찬가지로 그리스도 안에서 새 생명을 얻었다는 증거와 표징으로 기능한다. 하나님은 완전함을 요구하시고 신자들은 여전히 죄와 씨름하고 있기 때문에 선행은 그 근거가 될 수 없다. 선행은 마음의 새로운 방향성을 드러내지만, 그 불완전함은 구원의 "이미와 아직 아니"의 특징을 나타내는 증거이다.

200 *Justification*

이 책에서 나는 칭의는 오직 믿음으로만 이루어지며, 법정적 개념으로서 죄인이 그리스도의 형벌적 대속의 죽음에 근거하여 의롭다고 선언되며, 그리스도의 의가 우리에게 전가되고, 행위는 칭의의 필수적인 증거라는 고전적인 개혁주의 관점을 변호했다. 우리는 구약 성경, 예수님의 가르침, 바울 서신, 그리고 신약 성경의 나머지 부분에서, 칭의, 무죄선언, 용서가 하나님의 선물임을 살펴보았다. 칭의를 포함한 구원은 주님께 속한 것이다!

이 책에서 분명하게 서술하고 옹호한 진리는 어떤 차이를 만드는가? 단순히 개신교와 로마 가톨릭 사이의 학문적 논쟁에 불과한 것인가?

결코 그렇지 않다! 이 문제는 우리가 어떻게 거룩하신 하나님 앞에서 의롭게 설 수 있는가 하는 문제이며, 우리의 영원한 구원과 관련되어 있기 때문에 가장 중요한 문제이다. 삼위일체 하나님을 믿는 모든 사람은 그분과의 관계에 대한 진리를 이해하는 것이 사소한 문제가 아니라 인생의 가장 중요한 질문 중 하나인 '어떻게 하나님과 평화를 누릴 수 있을까?'라는 문제라는 데 동의할 것이다.

예수 그리스도를 믿는 믿음을 통해 하나님과 평화를 누릴 수 있기에, 하나님 앞에서 우리의 의는 우리가 행하는 것에 근거를 두지 않는다. 칭의는 근본적으로 우리의 일이 아니라 하나님의 일이기 때문에, 이 진리를 알면 우리는 확신과 위로를 얻는다. 우리는 우리 자신과 우리가 행한 일에 의지하지 않고 십자가에 못 박히고 부활하신 그리스도를 의지하는 자는 그분 앞에 의롭게 설 수 있다는 하나님의 약속에 의지한다. 마귀가 우리의 죄와 실패를 가지고 우리를 두렵게 하거나 우리가 저지른 악을 생각하며 두려움에 떨 때, 우리는 그리스도를 바라보며 우리의 의를 위해 그분께 의지한다. 우리는 마귀와 우리 양심에 "당신이 절대적으로 옳습니다"라고 말할 수 있다. "나는 생각과 말과 행동이 죄인이기 때문에 정죄를 받아 마땅하다. 그러나 나는 믿음으로 그리스도와 연합되었으므로 정죄함이 없다"롬 8:1. "하나님께서 나를 의롭다 하시는 분이시므로 마지막 날에 아무도 나를 정죄할 수 없다"롬 8:33. 그렇다! 예수님은 나를 대신하여 죽으시고 부활하셨으며, 아버지 오른편에 앉아 속죄의 희생을 근거로 나를 위해 간구하고 계신다롬 8:34. 그러므로 나는 나 자신이, 내 감정, 내 행위, 심지어 최종적으로 내 믿음이 아니라 나의 구주이시며 나의 하나님이신 그리스도 그분께 확신을 얻는다."

오직 믿음에 의한 칭의는 우리에게 확신을 주고 두려움에서 벗어나게 하며, 마음 속에 찬양을 일깨워주기 때문에 차이를 만든다. 이 책의 편집자 중 한 명인 그레이엄 콜Graham Cole은 "믿음에 의한 칭의가 없다면, 구원은 사실상 집행 유예가 되며, 확신은 사라진다"라고 나에게 답했다. 우리를 사랑하시는 분에 의해 죽음과 멸망에서 구출되었다는 사실을 깨달을 때, 우리가 마땅히 받아야 할 것을 생각하고 우리를 끔찍한 운명에서 해방시킨 사랑과 친절을 볼 때, 우리는 감사로 가득 차게 된다. 우리는 형언할 수 없는 영광스러운 기쁨으로 가득 차게 되며, 우리의 위대한 하나님, 즉, 성부, 성자, 성령께 감사와 찬양을 드린다. 구원의 경륜에서 성부께서는 우리의 구원을 계획하셨고, 성자는 오셔서 우리의 구원을 승리로 이루셨으며, 성령께서는 이 위대한 구원의 역사를 우리 마음에 적용하신다.

어떤 사람들은 칭의가 법적이며 차갑고 비인격적이라고 불평하지만, 그들은 감옥과 확실한 죽음이 눈앞에 닥쳤을 때 판사가 "무죄"라고 말하는 것이 어떤 것인지 경험해 보지 못했을 것이다. 그들은 우리가 유죄라는 것을 알면서 이스라엘의 거룩하신 분 앞에 설 때 존재하는 떨리는 두려움을 느끼지 못했을 것이다. 무죄 판결을 들었을 때 얼마나 안도하고, 얼마나 기뻐하고, 얼마나 환호하고, 얼마나 기쁘고 거룩한 두려움이 밀려오는지! 우리가 무죄 판결을 받을 자격이 없다는 사실과 우리가 합당하지 않지만 하나님의 큰 사랑의 대상이 되었다는 사실을 깨달을 때 우리는 더욱 떨린다. 우리의 최악의 생각, 가장 잔인한 말, 가장 비열한 행동들에 대해 그분께 숨겨진 것은 아무것도 없지만, 그분은 우리를 사랑하시고 우리의 영혼을 솟아오르게 하는 판결을 내리셨다. "의롭다!"

읽기 자료

Barrett, Matthew, ed. *The Doctrine on Which the Church Stands or Falls: Justification in Biblical, Theological, Historical, and Pastoral Perspective.* Wheaton, IL: Crossway, 2019. 칭의 교리에 관한 귀중한 자료.

Beilby, James K., and Paul Rhodes Eddy, eds. *Justification: Five Views.* Downers Grove, IL: IVP Academic, 2011. 칭의에 대한 다양한 견해를 살펴볼 수 있는 유용한 정리 내용.

Bird, Michael F. *The Saving Righteousness of God: Studies on Paul, Justification, and the New Perspective.* Eugene, OR: Wipf and Stock, 2009. 버드는 칭의에 대한 새로운 관점과 더욱 전통적인 이해 사이의 중재적 관점을 대표한다.

Horton, Michael. *Justification. 2 vols. Grand Rapids, MI: Zondervan Academic,* 2018. 칭의 교리에 관한 뛰어난 저작. 1권에서는 역사적 가르침, 2권에서는 호튼이 자신의 성경적, 신학적 이해를 정리한다.

Piper, John. *The Future of Justification: A Response to N. T. Wright.* Wheaton, IL: Crossway, 2017. 이 책은 파이퍼가 라이트의 칭의에 대한 이해에 어떻게 반응하는지 잘 보여준다.

Schreiner, Thomas R. *Faith Alone: The Doctrine of Justification. What the Reformers Taught ... and Why It Still Matters.* Grand Rapids, MI: Zondervan Academic, 2015. 뭐라고 해야 할까? 우리가 가장 좋아하는 책이다.

Seifrid, Mark A. *Christ, Our Righteousness: Paul's Theology of Justification.* NSBT 9. Downers Grove, IL: IVP Academic, 2000. 우리의 의가 십자가에 못 박히시고 부활하신 그리스도 안에 있다는 개념을 강력하게 변호한다.

Vickers, Brian. *Justification by Grace through Faith: Finding Freedom from Legalism, Lawlessness, Pride, and Despair.* Phillipsburg, NJ: P&R, 2013. 탁월한 신학적 목회적 자료.

Westerholm, Stephen. *Justification Reconsidered: Rethinking a Pauline Theme.* Grand Rapids, MI: Eerdmans, 2013. 칭의에 대한 최근 제안에 대한 꼼꼼한 분석.

Wright, N. T. *Justification: God's Plan and Paul's Vision.* Downers Grove, IL: IVP Academic, 2016. 칭의에 대한 라이트의 독특한 이해에 대한 훌륭한 개론.